DES GUIDES POUR

FLEURS EN BOUQUETS

DES GUIDES POUR

---

1. PAQUETS CADEAUX
2. BOUQUETS SECS
3. PRÉPARER VOS FÊTES
4. TABLES DES GRANDS JOURS
5. FLEURS EN BOUQUETS
6. DES JOUETS TOUT DOUX
7. TOUT EN COULEURS
8. FLEURS SOUS PRESSE
9. UN NOËL PLEIN D'IDÉES
12. DÉCORER AU POCHOIR
13. PAPIERS
14. DES IDÉES PAPIER MÂCHÉ
15. PLEIN D'IDÉES POUR LES FÊTES
16. PAPIERS PLEIN D'IDÉES
17. NOUVELLES IDÉES POUR NOËL
18. PLEIN D'IDÉES POUR LA MAISON

DES GUIDES POUR

FLEURS EN BOUQUETS

Jan Hall

FLEURUS IDEES

Editions Fleurus, 11, rue Duguay-Trouin 75006 Paris

SOMMAIRE

INTRODUCTION

Cet ouvrage présente les arrangements floraux sous un jour totalement nouveau. Vous y trouverez, bien entendu, des arrangements classiques dans des vases conventionnels mais, de façon générale, pour la plupart des bouquets présentés dans cet ouvrage, nous avons utilisé des récipients inattendus et originaux : des jouets d'enfants, des aquariums, des ananas, des bottes en caoutchouc et même des sacs en plastique ! Il n'est pas forcément nécessaire d'utiliser des vases précieux pour créer des bouquets élégants, raffinés et pleins de charme. Cet ouvrage dévoile les mille et un secrets de l'art floral. Vous y trouverez également des conseils pour l'achat des fleurs, leur préparation et leur rafraîchissement, les variétés de feuillages que vous pouvez faire pousser chez vous, les outils de base et l'équipement nécessaire. Vous découvrirez l'importance du mouvement et des couleurs dans la création d'un arrangement floral équilibré. Les végétaux sont désignés par leur appellation la plus courante, généralement accompagnée de leur nom latin. Pour vous permettre de trouver sans problème chez votre fleuriste toutes les fleurs mentionnées, nous avons inclus, page 126, une liste comparative indiquant le nom courant et le nom latin de chaque plante.

— LES COMPOSITIONS FLORALES —

La pratique de l'art floral remonte aux Egyptiens qui, depuis 2500 av. J.-C. décoraient déjà leurs temples et leurs maisons de plantes et de fleurs. Depuis lors, bien d'autres cultures ont fleuri et se sont fanées, mais l'art du bouquet a traversé les siècles.
Les compositions florales ne sont pas forcément coûteuses, surtout si vous possédez un jardin. Nos conseils vous permettront de prolonger le plus possible la vie des fleurs et des plantes utilisées dans les bouquets. Nous avons également expliqué point par point comment réaliser des bouquets spécifiques. Toutes les compositions florales proposées peuvent être facilement adaptées aux différentes variétés de fleurs et aux divers types de récipients que vous possédez.

L'ACHAT DES FLEURS

Les fleurs achetées chez les fleuristes, dans les supermarchés ou sur les étals des marchés sont généralement très coûteuses. En suivant nos conseils, vous serez sûre de les acheter dans un meilleur rapport qualité/prix.
En règle générale, toutes les fleurs achetées ont besoin d'être rafraîchies dès votre retour chez vous. Pour ce faire, il suffit généralement de couper l'extrémité des tiges et de les plonger dans l'eau fraîche pendant quelques heures avant de les utiliser pour réaliser un bouquet.
En hiver, vous trouverez surtout des fleurs importées ou des fleurs de serre. Les chrysanthèmes sont une valeur sûre toute l'année. Si vous leurs prodiguez un minimum de soins, elles peuvent durer jusqu'à trois semaines. Pendant la période d'été, il est préférable d'acheter des plans de chrysanthèmes poussés en pleine terre plutôt que ceux qui ont été forcés. A l'achat, vérifiez soigneusement les cœurs : s'il s'agit de variétés à fleurs simples, ils doivent être fermes et jaunes, et non duveteux et dorés.
Nous vous recommandons également les œillets variété « Spray », car ils sont très résistants. Achetez-les en boutons bien fermes et à peine ouverts.
Pour les glaïeuls, la meilleure saison se situe durant les mois d'été, leur saison naturelle de floraison. Lorsqu'ils ont été forcés et cueillis trop tôt, les glaïeuls de serre risquent de ne pas s'ouvrir.
Les orchidées sont particulièrement intéressantes. Les variétés Dendrobium et Cymbidium peuvent tenir jusqu'à deux mois. Prenez cependant la peine de vérifier leur qualité et leur fraîcheur : n'achetez jamais les branches aux fleurs bien ouvertes ou dont les pétales sont bordés de brun.

En cuivre, porcelaine, bois, terre cuite, verre transparent ou coloré, traditionnels, inhabituels, modernes ou anciens, tous ces récipients mettront en valeur la beauté naturelle des fleurs.

Les giroflées fanent très vite, mais leur prix est en général abordable et leur parfum agréable. Souvenez-vous toutefois, lors de leur préparation, que leur tige ramollit rapidement dans l'eau et dégage une odeur désagréable.
Les freesias – et leur parfum très fort – peuvent tenir plus d'une semaine si vous les achetez lorsque seule la première fleur est éclose et que le reste est encore en boutons.
D'une manière générale, toutes les fleurs printanières à bulbes doivent être achetées en boutons car, une fois écloses, elles fanent rapidement.
En ce qui concerne les roses, nous vous conseillons de ne les acheter que durant les mois d'été, leur saison naturelle de floraison. En hiver, elles sont généralement chères et de qualité inférieure, donc susceptibles de faner assez rapidement, parfois sans même s'ouvrir entièrement. Les fleurs achetées sur les marchés ne sont généralement pas apprêtées comme elles le sont chez les fleuristes. Elles ont donc besoin de plus de soins dès votre retour chez vous. Quel que soit l'endroit où vous achetez des fleurs, il existe une règle d'or : recherchez un feuillage en bon état et cassant, des tiges solides et rigides, des boutons fermes et serrés.

LA PRÉPARATION

La plupart des êtres vivants réagissent aux soins et à l'attention qu'on leur consacre. Les plantes également. Pour prolonger la vie des feuillages et des fleurs coupées, il faut les apprêter. En général, les fleurs achetées chez un fleuriste le sont déjà. Il suffit donc de recouper l'extrémité des tiges et de les faire tremper longuement dans de l'eau fraîche. En ce qui concerne les fleurs du jardin, le moment de la cueillette est important. Cueillez-les de préférence en début de soirée, lorsque la transpiration (perte en eau) est peu importante et que la plante est bien « nourrie » après la photosynthèse d'une journée entière. Coupez les tiges en biais afin que la surface d'absorption de l'eau soit plus importante. Placez-les immédiatement dans un seau d'eau tiède et laissez-les boire pendant plusieurs heures, voire toute la nuit si possible : les plantes auront ainsi tout le temps de se charger d'humidité. Choisissez une pièce fraîche et ombragée en été, et à l'abri du gel en hiver. Si la température de la pièce ou de l'eau est trop élevée, certains boutons risquent de s'ouvrir prématurément. Les courants d'air sont également à proscrire pour éviter la déshydratation. Certaines fleurs durent naturellement plus longtemps que d'autres. Néanmoins, la vie de toutes les plantes peut être prolongée par des soins quotidiens. L'addition de conservateurs dans l'eau, par exemple, permet à un bouquet de tenir plus longtemps (vous trouverez ces produits chez votre fleuriste ou en droguerie). Plus simplement encore, vous pouvez ajouter une cuillerée de sucre, un comprimé d'aspirine ou un peu de limonade dans l'eau des fleurs. Avant de commencer la réalisation d'un bouquet, assurez-vous que votre vase est propre. Vous éviterez ainsi le développement de bactéries qui obstruent les canaux des tiges.
Les plantes absorbent l'eau par leurs tiges. Celles des chrysanthèmes,

Préparez les tiges ligneuses en fendant deux fois leur base dans le sens de la longueur avec un couteau bien aiguisé.

Redressez et resserrez les tulipes en les enveloppant de papier non absorbant.

des giroflées et des roses sont souples et ligneuses. Nous vous conseillons d'en écraser l'extrémité d'un coup de marteau pour permettre aux canaux intérieurs d'absorber l'eau, ou encore de sectionner l'extrémité de la tige en biseau. Pour les forsythias, les rhododendrons, les branches de lilas et de prunus, dont la tige est dure, enlevez l'écorce extérieure à l'extrémité de la tige avant de l'écraser légèrement d'un coup de marteau ou de la couper en biseau.
La plupart des fleurs printanières à bulbes, comme les iris, les tulipes et les freesias, ont des tiges souples qui absorbent rapidement l'eau. Il faut donc les placer dans une petite quantité d'eau (trop d'eau les ferait s'ouvrir prématurément).
Pour la préparation des tulipes, enveloppez-les dans du papier non absorbant et rigide pendant quelques heures pour qu'elles se redressent avant d'être disposées en bouquet.
Les glaïeuls demandent également peu d'eau. D'autre part, la floraison de la totalité de leurs boutons est facilitée lorsque le bouton situé à l'extrémité de la tige est enlevé. Les tiges creuses de certaines plantes, comme les delphiniums et les gros dahlias, nécessitent un traitement particulier : avant de composer le bouquet, on les place la tête en bas, on remplit la tige d'eau, puis on bouche l'extrémité de la tige avec du coton pour que l'eau monte jusqu'aux fleurs supérieures. Après quelques minutes, on replace les fleurs en position normale pour composer le bouquet.
Certaines branches fleuries qui ne durent pas longtemps, comme le lilas, le *Viburnum tinus* et les fausses fleurs d'oranger, ont besoin de beaucoup d'eau. Pour que les fleurs du haut de la tige soient bien hydratées, nous vous recommandons d'enlever les feuilles tout au long de celle-ci.

Pour faire ouvrir les iris prématurément, entaillez les sépales avec un couteau.

Pour les glaïeuls, enlevez les derniers boutons du sommet de la tige.

Pour certaines fleurs, comme les violettes, mieux vaut commencer par tremper les fleurs dans de l'eau tiède pendant 30 minutes avant de placer leurs tiges dans un peu d'eau froide.
D'autres plantes, comme le pavot et l'euphorbe, dégagent de la sève laiteuse lorsque leur tige est sectionnée. Pour éviter que cette sève ne bouche les canaux et n'empêche la tige d'absorber l'eau, il suffit de la cautériser à la flamme (attention, cette sève laiteuse est susceptible de provoquer une irritation cutanée, rincez-vous immédiatement les mains !).

L'ENTRETIEN

En général, il faut changer l'eau d'un bouquet régulièrement, même si certains fabricants de produits conservateurs prétendent que ce n'est pas nécessaire avec leurs produits. La mousse de fleuriste doit en particulier être arrosée régulièrement pour éviter son dessèchement. Lorsque les fleurs commencent à s'affaisser, rafraîchissez-les en enlevant environ 2,5 cm des tiges et en les plaçant dans un peu d'eau chaude pendant 10 minutes. Pendant cette opération, les têtes des fleurs doivent être protégées par du papier de cellulose. Il faut ensuite les laisser dans l'eau froide pendant au moins une heure avant de recomposer le bouquet.

LA PRÉPARATION DU FEUILLAGE

Les fleuristes fournissent généralement des branches de feuillage résistant pour garnir les bouquets, mais la plupart des variétés de feuillages peut être cultivée dans un jardin.
Certains feuillages à tiges ligneuses comme les branches d'eucalyptus, de rhododendron, de camélia, de *Buxus sempervirens, de Ruscus, de Cupressus, de Pittosporum* et de hêtre durent plus longtemps lorsque l'extrémité de leur tige est écrasée ou coupée en biseau avant d'être placée dans l'eau. Le lierre et la bruyère aiment être totalement immergés dans l'eau fraîche pendant une heure avant d'être utilisés en bouquet et piqués dans de la mousse de fleuriste. Les fleurs d'hydrangea également, mais pendant une demi-heure seulement.
Enlevez toujours soigneusement toutes les feuilles qui risquent de tremper dans l'eau du vase, car elles se décomposent rapidement et polluent l'eau.

Cautérisez l'extrémité des tiges avec une flamme jusqu'à ce que la tige noircisse.

Améliorez l'absorption d'eau des tiges ligneuses en écrasant leur extrémité avec un marteau.

Arbustes à planter chez vous
En faisant pousser vos propres plantes dans votre jardin ou en pots dans une cour, vous aurez toujours sous la main une réserve abondante de feuillage pour vos compositions florales.

Aucuba japonica (laurier tacheté). Grandes feuilles tachetées jaunes et vertes. Pousse facilement en pot et dure assez longtemps une fois coupé.

Buxus sempervirens.
Belles feuilles vert sombre, petites et résistantes. Durent des semaines dans un vase.

Camélia.
Dure très longtemps. Feuilles épaisses et brillantes, fleurs ressemblant à de petites roses.

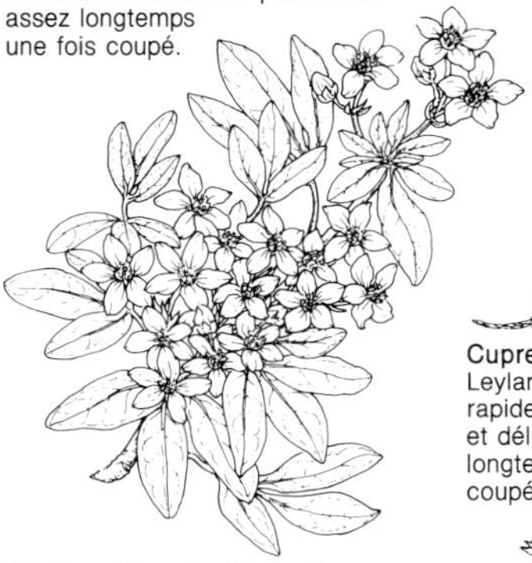

Choisya Ternata (fleur d'oranger mexicaine). Feuillage persistant, brillant, portant des fleurs parfumées à la fin du printemps.

Cupressocyparis (cyprès de Leyland). Conifère à croissance rapide, portant des pousses vertes et délicates qui durent très longtemps lorsqu'elles sont coupées.

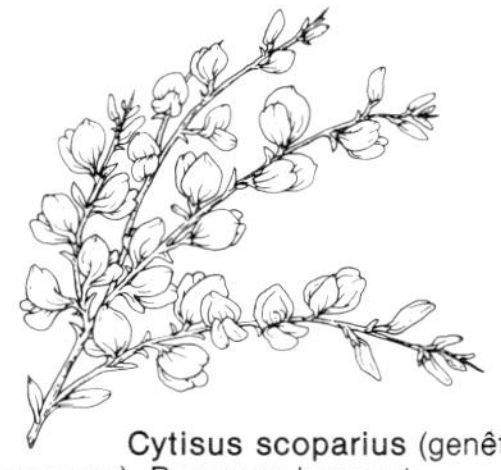

Cytisus scoparius (genêt commun). Rameaux longs et étroits portant des fleurs en forme de pois à la fin du printemps.

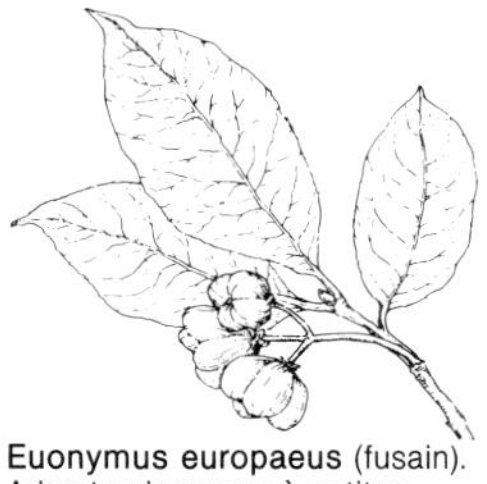

Euonymus europaeus (fusain). Arbuste vigoureux à petites feuilles, présentant plusieurs variétés et couleurs.

Forsythia. Magnifique au printemps lorsque ses fleurs jaunes sont écloses.

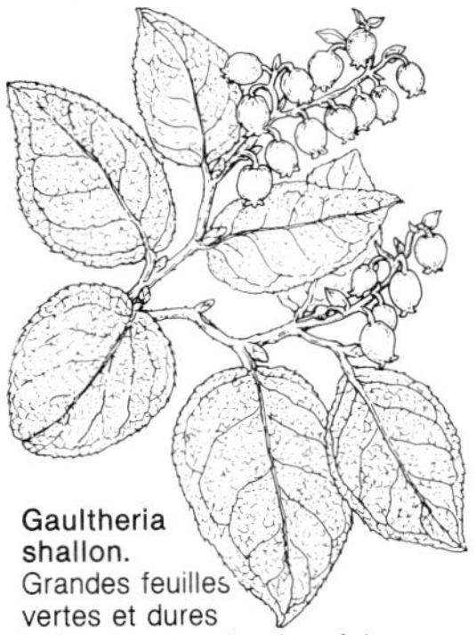

Gaultheria shallon.
Grandes feuilles vertes et dures présentant une bordure à leur périphérie. Les branches durent très longtemps une fois coupées.

Hebe.
Arbuste résistant et vigoureux, qui fleurit et présente plus de cent variétés différentes. Dure longtemps en bouquet.

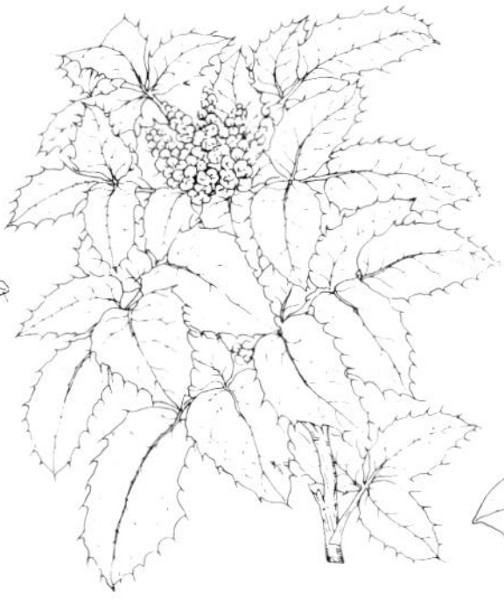

Mahonia aquifolium. Arbuste portant des fruits qui ressemblent à une grappe de raisin. Ses feuilles ressemblent à celles du houx.

Skimmia japonica. Arbuste vigoureux à petites feuilles épaisses et à fleurs blanches.

LE MATÉRIEL

Avant de commencer un bouquet, nous vous conseillons de réunir les accessoires indispensables pour les avoir sous la main au moment opportun : un sécateur (ou une paire de ciseaux), un petit arrosoir à long bec verseur, un couteau solide pour sectionner les tiges dures et enlever le feuillage superflu.
Prévoyez également des supports solides pour maintenir les tiges des fleurs, de la mousse de fleuriste, des morceaux de grillage à large maille, des pique-fleurs et des objets lourds comme des billes, des galets, des coquillages, etc.

LA MOUSSE DE FLEURISTE

La mousse de fleuriste est particulièrement utilisée par les professionnels. C'est une substance synthétique qui se gorge rapidement d'eau et maintient les tiges qui y sont piquées, à condition que celles-ci ne soient pas trop lourdes. Elle est vendue en blocs ronds ou rectangulaires qu'il suffit de couper aux dimensions souhaitées et de tremper dans l'eau froide avant de s'en servir. Veillez à ne jamais laisser se dessécher le bloc de mousse d'une composition florale, car il n'est plus hydratable par la suite. Le seul inconvénient de la mousse de fleuriste réside dans sa fragilité : si les tiges sont trop lourdes, si la mousse est trop imbibée d'eau ou si elle a trop servi, elle casse facilement. Il existe un autre type de mousse qui permet de confectionner des compositions de fleurs séchées.

LE GRILLAGE

Le grillage est un accessoire très commode pour soutenir des tiges lourdes ou des compositions moins classiques. Procurez-vous 5 cm de grillage par bouquet. Choisissez-le si possible plastifié pour ne pas abîmer l'intérieur des vases. Froissez-le en boule et disposez-le dans le récipient en veillant à ce que les mailles soient suffisamment larges pour pouvoir y faire passer les tiges. Pour un maintien plus solide, il suffit d'entourer le grillage de mousse de fleuriste. Un conseil : ne froissez pas le grillage trop serré et laissez-le plus lâche au centre où convergeront la plupart des tiges.

LES PIQUE-FLEURS

Un pique-fleurs se compose d'une lourde embase portant de nombreux picots sur lesquels on enfonce les tiges des fleurs. Un pique-fleurs d'un diamètre de 7,5 cm est généralement suffisant pour réaliser une composition employant un petit nombre de fleurs dans un vase peu profond. Les tiges sont d'abord posées à la verticale sur le picot, puis inclinées en biais par une légère pression. Il est préférable d'entailler les tiges ligneuses au préalable pour faciliter

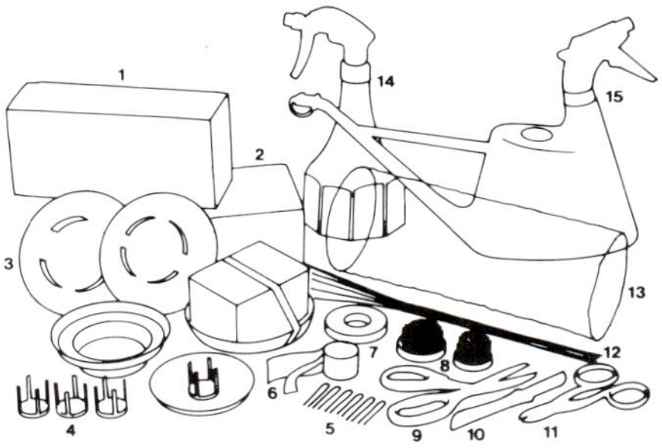

Outils et accessoires : 1) Mousse de fleuriste pour bouquets de fleurs fraîches. 2) Mousse de fleuriste pour composition de fleurs séchées. 3) Soucoupes en plastique. 4) Pique-fleurs en plastique. 5) Epingles à cheveux pour fixer la mousse. 6) Fixateur. 7) Ruban adhésif. 8) Pique-fleurs métallique. 9), 10) et 11) petit sécateur, ciseaux et couteau. 12) Fil de fer plastifié (support de tiges). 13) Grillage. 14) Vaporisateur à eau. 15) Petit arrosoir à long bec verseur equipé d'un vaporisateur.

l'opération. Des pique-fleurs légers en plastique sont également utilisés pour maintenir la mousse de fleuriste au fond des vases.

LES BILLES ET LES GALETS

Tous les accessoires dont nous venons de parler doivent être camouflés par les fleurs, par le feuillage ou par le vase. Cependant, de jolies billes translucides ou des galets colorés peuvent fournir une base originale dans un récipient en verre. Au fur et à mesure que les tiges sont insérées dans les interstices entre les billes ou les galets, ceux-ci se déplacent. Ils ne sont donc pas particulièrement recommandés pour une composition très ordonnée. D'autres objets, par exemple des coquillages, peuvent également être utilisés comme support.

LES ACCESSOIRES SUPPLÉMENTAIRES

Certaines soucoupes spéciales en plastique forment des bases très pratiques, sur lesquelles on peut fixer la mousse de fleuriste – sèche ou imbibée d'eau – avec du ruban adhésif avant de la placer dans le fond du vase. Si la mousse doit être fixée sur une base inhabituelle, du bois ou du liège par exemple, vous pouvez utiliser, en plus du ruban adhésif, des épingles à cheveux et du fil de fer. Ce dernier est aussi très pratique dans les compositions qui nécessitent un maintien spécifique du récipient (par exemple, lorsque le couvercle d'un panier doit rester ouvert). Le fil de fer plastifié peut servir à renforcer des tiges fragiles ou cassantes, mais il doit être utilisé avec parcimonie, car il donne aux fleurs un maintien peu naturel.

L'ART FLORAL

Des fleurs éclatantes et un feuillage somptueux peuvent former un bouquet sans intérêt simplement parce que la composition a été réalisée sans réflexion. Généralement, pour créer une composition, trois points essentiels doivent être définis avant même de commencer le bouquet : la silhouette et la forme de la composition, l'harmonie des couleurs et du cadre, l'équilibre et la dimension du bouquet.
Sa forme dépend en grande partie des fleurs et du feuillage utilisés (longues tiges, fleurs rondes et épanouies, etc.). Très souvent, les fleurs ou le feuillage très longs déterminent la silhouette du bouquet, tandis que les fleurs de couleur franche ou bien ouvertes en forment la note prédominante. D'autres fleurs sont utilisées pour remplir les intervalles vides. Des couleurs ou des textures contrastées permettent, d'autre part, de donner de la profondeur à l'arrangement floral. L'angle sous lequel la composition sera regardée est également très important : sera-t-elle vue de haut, de face ou sous tous les angles ? Observez ensuite les couleurs. Est-ce qu'elles contrastent entre elles ? Ou bien, au contraire, s'accordent-elles par l'harmonie des couleurs ? Etudiez à ce sujet la roue colorée de la page 17. Autre question primordiale : où la composition va-t-elle être présentée ? Sur un guéridon, dans un corridor ou une chambre d'amis ? Un petit bouquet dans un vase délicat est perdu dans une grande pièce. Il est donc très important de prendre en compte la position du bouquet, l'éclairage de la pièce, etc. Pour être réussie, une composition florale doit être parfaitement équilibrée. Son style peut être classique ou plus personnel, mais la ligne générale doit toujours être harmonieuse. Avant de commencer le bouquet, il est primordial de décider de la

A droite : Des fleurs et du feuillage disposés de manière identique sur chaque côté d'une composition forment un arrangement floral symétrique.

Au centre : De longues tiges ont été utilisées pour définir la ligne diagonale, axe de ce beau bouquet asymétrique.

Extrême droite : Les fleurs ont été regroupées dans une composition triangulaire asymétrique.

Symétrique

Cette roue indique les harmonies de couleurs. Les couleurs chaudes (rouge, jaune, orange) de la première moitié de la roue complètent les couleurs froides (bleu, violet, vert) de l'autre moitié. Les couleurs complémentaires sont celles qui se font face.

forme que vous voulez créer : symétrique ou asymétrique, triangulaire ou semi-circulaire, à dominante verticale (comme le bouquet de la page 103) ou en S (voir page 90). Prévoyez la façon dont les fleurs devront être placées pour s'équilibrer entre elles. Nous vous présentons ci-dessous une autre manière d'agencer les fleurs par groupes pour former un triangle asymétrique.

Asymétrique

Triangulaire asymétrique

Une coupe en argent met somptueusement en valeur ce bouquet de roses jaunes épanouies, de chrysanthèmes et de freesias. Après avoir rempli la coupe d'eau, un support central en grillage a été posé dans le fond (voir p. 14). Ce support est recouvert de chrysanthèmes « Tokyo » couleur crème, à courte tige (environ 5 cm). Elles donnent de la profondeur au bouquet.

Des roses jaunes à la tige un peu plus longue et quelques brins de freesias sont disposés entre les chrysanthèmes.

Pour terminer, on glisse dans le bouquet des brins de *Leucodendron* et de freesias un peu plus longs que les autres. Le vert sombre contraste avec le jaune et l'argent. Une rose peut être posée au pied de la coupe pour un court moment, le temps d'un repas par exemple – sans eau, elle ne durera pas plus longtemps.

Les jaunes et les rouges francs des fleurs font ressortir le bleu profond de ce joli vase 1930. Pour ce type de vase peu profond, nous vous recommandons d'utiliser du grillage froissé pour soutenir les fleurs.

Remplissez le vase avec des feuilles de *Pittosporum* moucheté qui, même coupées, restent bien denses. Dans les interstices entre les feuilles, piquez des brins de gypsophile.

Les trois lis jaunes forment la touche de couleur principale d'un côté à l'autre du vase. Parsemez de branches de houx avec leurs baies. Leurs tiges un peu plus longues équilibreront le bouquet.

Cette merveilleuse composition de roses soutenus et de pourpres s'harmonise avec les teintes violettes du vase. Sa forme élancée souligne la noblesse de l'ensemble. Placez quelques morceaux de mousse de fleuriste dans le vase et créez la ligne maîtresse avec de longues branches d'eucalyptus. Délimitez la silhouette avec 4 ou 5 glaïeuls d'un rose soutenu.

Avec des chrysanthèmes pourpres de différentes longueurs, créez une « colonne centrale » au milieu du bouquet. Laissez pendre un petit chrysanthème sur le rebord du vase. Renforcez cette ligne avec 4 roses d'un rose très soutenu. Terminez en ajoutant des orchidées *Dendrobium*, dont deux ou trois brins retomberont avec grâce.

ART DÉCO

Le bleu profond de ce vase art déco et les couleurs douces de la composition florale créent un contraste harmonieux. Remplissez simplement le vase d'eau (il est assez étroit pour maintenir les fleurs). Disposez plusieurs brins de fougère *Sprengeri*, dont un retombant en queue de paon devant le vase. Ajoutez deux alstroemeria rose crémeux assez courts et un troisième légèrement plus long.

Avec du lilas blanc, créez une ligne centrale verticale pour donner de la profondeur à l'ensemble. Pour terminer, parsemez le bouquet de chrysanthèmes simples, roses et de différentes longueurs.

La teinte rose du vase en verre est reprise par les fleurs de la composition. Placez du grillage froissé au fond du vase (il ne sera pas visible à travers le verre dépoli). Remplissez le vase d'eau jusqu'aux trois quarts.

Définissez la ligne courbe avec du genêt rose et étoffez la silhouette du bouquet avec des roses roses miniatures.

La touche centrale de couleur est formée par des gerbera. Disposez-en deux au centre, l'une au-dessus de l'autre, et trois de plus sur chaque côté. Terminez par des œillets roses, en enfonçant certains d'entre eux pour donner une impression de profondeur.

ÉVENTAIL DE FLEURS

Ce beau vase de forme triangulaire permet de créer un très bel effet d'éventail. Stabilisez le vase avec des billes de verre et remplissez-le d'eau. Commencez ensuite à définir la silhouette du bouquet avec des brins recourbés de genêts jaunes.

Disposez les autres fleurs en groupes, d'abord les lis jaunes, échelonnés pour mieux attirer le regard, puis les chrysanthèmes blancs de l'autre côté.

Remplissez les intervalles vides avec des brins d'orchidée *Oncidium ornythorhynchum* et une branche de forsythia.

HIGH TEC'

Cette création moderne d'une rigoureuse simplicité repose sur des lignes épurées et des couleurs franches. Remplissez de billes un vase rectangulaire et recouvrez-les lentement d'eau.

Coupez les tiges de trois amaryllis à trois longueurs différentes et enfoncez-les entre les billes qui les maintiendront en place en leur évitant de se recourber au contact de l'eau.

Inclinez ensuite les deux plus petits amaryllis sur un côté du vase, et le plus grand sur l'autre côté.

LA VIE EN ROSE

Ce vase en verre rectangulaire met les différentes fleurs du bouquet en valeur. Remplissez-le à moitié de billes de verre que vous recouvrirez d'eau. Placez ensuite les iris violets, tous de la même longueur, sur un côté du vase.

Comme les billes se déplacent légèrement au fur et à mesure que vous introduisez les tiges, il est préférable de travailler systématiquement d'un côté à l'autre. Disposez des brins gris de balai de sorcière (*Kochia*) au fond du vase. Devant, placez quelques nérines roses.

Ajoutez des scabieuses pourpres de différentes longueurs et quatre ou cinq jacinthes rose vif pour terminer la composition.

La masse de fleurs bleues, parmes, pourpres et blanches s'harmonise pour créer un arrangement floral splendide, idéal dans une entrée. Remplissez le col d'un simple vase en terre cuite de mousse de fleuriste imbibée d'eau. Commencez par piquer les fleurs les plus grandes : des statices violettes et des achillées bleues. Travaillez en descendant pour que chaque fleur s'appuie sur la voisine.

Au fur et à mesure que vous descendez, mélangez aux statices et aux achillées des chrysanthèmes simples blancs, des delphiniums et des *Euphorbia marginata* (n'oubliez pas de cautériser les tiges – voir page 11). Conservez une partie du feuillage sur le haut des tiges pour donner de la profondeur et, pour terminer, parsemez d'œillets bleus.

PLANTE EN POT ET MIMOSA

Quelques fleurs donnent une nouvelle jeunesse à une plante en pot. Il suffit d'insérer des petits réservoirs d'eau dans la terre, à intervalles réguliers autour de la plante. On y dispose ensuite de longues branches de mimosa qui remplissent les interstices entre les feuilles de la plante.

Le mimosa contraste bien avec un feuillage panaché vert pâle comme celui de cette plante. N'oubliez pas de placer la plante dans un cache-pot ! Cette décoration dure longtemps, à condition de remplir régulièrement les réservoirs d'eau. Vous obtiendrez aussi un très bel effet en ne plaçant que deux petits réservoirs d'eau derrière la plante ou sur un côté et en remplissant ces derniers de petits bouquets de fleurs.

Ce vase de forme traditionnelle s'adapte particulièrement bien à une composition symétrique aux couleurs vives. Les bleus rappellent la teinte du vase, tandis que le gerbera crée une tache de couleur. Après avoir rempli le vase d'eau, définissez la silhouette du bouquet en plaçant, à l'avant et sur les côtés, des branches d'eucalyptus et, au fond, des asters.

Etoffez le bouquet avec trois glaïeuls roses, dont un plus court que les deux autres (n'oubliez pas d'enlever les bourgeons situés à l'extrémité des tiges, les autres fleuriront mieux et le bouquet tiendra plus longtemps).

Ajoutez des delphiniums blancs et bleus. Disposez ensuite cinq ou six gerbera sur le devant du bouquet, ainsi que quelques chrysanthèmes « Tokyo ». Terminez par quelques brins de clochettes d'Irlande qui formeront un contraste avec la texture douce des autres fleurs.

Pour réaliser cette étonnante décoration qui rappelle étrangement un chapeau, il vous suffit d'un simple moule à gâteau. Fixez un morceau de mousse de fleuriste sur une soucoupe avec du ruban adhésif et placez le tout dans le fond du moule. Créez la silhouette générale du bouquet avec du *Ruscus* commun et des gueules de loup blanches disposées en diagonale.

Les fleurs principales sont des chrysanthèmes rouges – graduez leur taille afin qu'ils remplissent le centre du bouquet. Pour terminer, ajoutez quelques brins d'orchidée *Arachnis* rouge, disséminés dans le bouquet.

Un plat creux en terre forme la base de cette composition de chrysanthèmes, d'œillets et de piments. Placez de la mousse de fleuriste imbibée d'eau au fond du plat et recouvrez-la de *Viburnum tinus* en faisant déborder les brins sur le bord du plat.

Disposez six œillets orange bien ouverts pour former la silhouette générale.

Remplissez les interstices avec des chrysanthèmes « Tokyo » blanc-vert. Leur couleur contraste avec celle des œillets orange et leurs pétales illustrent bien le thème de la composition florale. Complétez le bouquet en ajoutant des piments, disposés comme sur la photo.

La cuisine recèle mille et un objets pouvant servir de récipients pour une composition florale. C'est le cas de ce beau moule brillant en aluminium. Disposez un morceau de mousse de fleuriste imbibé d'eau au fond du moule et recouvrez-le de longs brins de *Viburnum tinus* pour définir la silhouette générale de la composition florale.

Peignez quelques branches plus longues d'eucalyptus avec de la peinture argentée en bombe et, lorsqu'elles sont sèches, glissez-les entre les brins de *Viburnum*. Des brins de feuillage séché recouverts de peinture font toujours beaucoup d'effet dans un récipient métallique.

Avec de gros œillets rouges, variété Spray, définissez les touches de couleur centrales de la composition et complétez-la avec des œillets en boutons. Enfoncez plus profondément certains brins de *Viburnum* rouge foncé pour donner du relief. Un peu d'eau et quelques fleurs disposées dans un moule à tartelettes au pied du grand moule compléteront la composition.

MORTIER ET PILON

Un mortier et son pilon en pierre forment un cadre inhabituel et intéressant pour un arrangement floral. L'harmonie de la douceur neutre de la pierre et du feuillage gris-vert contrastent avec les roses et les violets profonds. Commencez par fixer un peu de mousse de fleuriste au fond d'une soucoupe avec du ruban adhésif. Placez la soucoupe au fond du pilon.

Construisez la silhouette de votre bouquet avec des brins de *Kochia* (cyprès d'été). Leur couleur gris-vert donnera de la profondeur à l'ensemble. Parsemez votre composition de quelques myosotis bleu violacé.

Piquez des chrysanthèmes rouges pour former un contraste de couleurs et compléter le volume du bouquet. Terminez en ajoutant quelques brins de *Mallakila* en diagonale, comme sur la photo, pour créer un effet asymétrique. Renforcez cet effet en piquant quelques boutons de chrysanthèmes le long de cette diagonale.

BOUQUET RUSTIQUE

Voici une jolie composition d'inspiration rustique, créée avec une corbeille à pain en osier et des fleurs du jardin très colorées. Fixez un peu de mousse de fleuriste au fond d'une soucoupe avec du ruban adhésif, placez-la au fond de la corbeille et recouvrez-la de *Viburnum tinus*. Piquez des branches de genêt jaune pour créer un effet échevelé.

Ajoutez des forsythias d'un jaune plus franc. Les brins sont courts et disposés du centre vers l'avant de la composition.

Utilisez des chrysanthèmes simples couleur rouille pour créer le volume du dôme central et remplissez les vides éventuels avec des branches de freesias.

HALO DORÉ

Cet arrangement floral bas et circulaire est parfait pour décorer le centre d'une grande table ronde. Fixez de la mousse de fleuriste sur une assiette avec du ruban adhésif et placez le tout dans le panier. Répartissez-y des fleurs d'hydrangea, partiellement peintes en doré avec une peinture en bombe.

Piquez cinq ou six lis ouverts et deux ou trois en boutons et aux tiges plus courtes. Ajoutez des chrysanthèmes simples couleur rouille et des chrysanthèmes « Tokyo » plus clairs (couleur cuivre). Remplissez les vides éventuels.

Terminez en piquant des branches séchées d'eucalyptus brun et quelques morceaux de corail qui formeront un contraste du point de vue des couleurs et de la texture.

Des anémones d'un rouge brillant dominent cette composition nichée dans une ancienne passoire émaillée. Fixez un peu de mousse de fleuriste au fond d'une soucoupe avec du ruban adhésif et collez le tout au fond de la passoire. Recouvrez la mousse avec du feuillage duveteux de marguerites et définissez le volume de votre composition.

L'effet recherché est de créer une boule de fleurs. Pour ce faire, les anémones doivent être piquées face en haut et vers l'extérieur de l'arrangement floral (voir photo).

Une fois le volume créé avec les anémones et le feuillage, ajoutez des brins d'asters dont la texture et la couleur contrasteront avec celles des anémones.

Voici une manière originale d'utiliser une simple écumoire métallique. Elle fait beaucoup d'effet avec des fleurs et du feuillage hivernal. Enveloppez complètement un morceau de mousse de fleuriste dans du plastique et fixez-y l'écumoire avec du fil de fer ou des épingles (voir photo). Fixez ensuite un autre morceau de mousse à l'intérieur de l'écumoire.

Recouvrez la mousse de *Viburnum tinus* en fleur, disposé en diagonale comme sur la photo.

Prenez les chrysanthèmes roses les plus pâles (séparez les fleurs de la tige plutôt que d'utiliser celle-ci en entier). Placez quelques chrysanthèmes épanouis au centre pour attirer le regard. Vous pouvez parsemer la composition de chrysanthèmes aux tiges plus longues, en fleurs ou en boutons.

Ce type de composition, très populaire au Japon, ressemble à un jardin miniature. Nous avons utilisé comme base un moule à tarte bas. Commencez par en garnir le fond de morceaux de mousse de fleuriste d'épaisseur variable et recouvrez-la ensuite de vraie mousse.

Ensuite, disposez deux ou trois brins de feuillages de longueur dégradée (sur la photo, nous présentons du *Leucodendron*).

Recouvrez l'avant d'un petit buisson d'alstroemeria encadré d'un petit brin de *Viburnum tinus*. Coupez un glaïeul et piquez-le en biais sur un côté de la composition. Complétez par quelques œillets nains assortis à la couleur du glaïeul et piqués dans le feuillage de l'arrière-plan.

Une terrine sert ici de base à un autre arrangement de style extrême-oriental qui s'apparente aussi à un jardin miniature. Placez des chutes de mousse de fleuriste imbibées d'eau dans la terrine et recouvrez-les de vraie mousse.

Piquez-y quelques brins de *Leucodendron* et deux ou trois branches de forsythia qui représenteront les arbres et les buissons.

Ajoutez ensuite un petit groupe d'œillets miniatures et de fleurs de *Viburnum* à l'avant de la composition. Ils représenteront les fleurs du jardin miniature et constitueront le point central de la composition.

COCOTTE FLEURIE

Une cocotte en terre sert de base à cet arrangement aux dominantes orange et jaunes. Placez un gros morceau de mousse de fleuriste imbibée d'eau dans la cocotte. Commencez par piquer des brins de feuillage Mallalika en éventail à l'arrière-plan pour définir la hauteur du bouquet. Piquez également quelques brins sur le devant.

Enfoncez quelques « Tokyo » jaune pâle. Placez-en deux ou trois plus longs sur la droite, et deux plus courts sur la gauche du bouquet, sur le rebord de la cocotte. Piquez des chrysanthèmes simples, couleur rouille, un peu partout.

Remplissez le volume avec des œillets orange et faites-en retomber un sur un des côtés de la cocotte. Equilibrez en piquant un grand œillet à l'arrière-plan et complétez par de longues branches de genêt jaune suivant la même ligne que les brins de Mallalika.

Versez un peu d'eau dans le creux du couvercle et placez-y quelques brins de feuillage et une ou deux fleurs. Ces éléments doivent être très courts afin de ne pas déséquilibrer le bouquet principal.

Une étagère à épices inutilisée constitue un très beau porte-fleurs mural. N'utilisez que quelques-uns des pots pour ne pas surcharger la composition. Remplissez-les d'eau et commencez par la gauche en disposant un petit bouquet d'anémones rouges et violettes (environ six fleurs).

Dans un autre pot, placez une autre anémone violette et quelques fleurs d'alstroemeria rose pâle. Le dernier pot est garni de fleurs aux tiges plus longues : grandes roses rose foncé, tulipes roses assorties et gueules de loup ou freesias blancs.

Une casserole à fondue sur son support ressemble à un vase sur un piédestal. La casserole doit rester visible car elle fait partie intégrante du décor. Placez-y un gros morceau de mousse de fleuriste imbibée d'eau et, avec du feuillage léger, par exemple du Mallalika, définissez le volume du bouquet.

Remplissez le centre du bouquet de chrysanthèmes couleur pêche. Placez ensuite quelques branches d'orchidées plus longues (*Arachnis*) en suivant les principales lignes de mouvement.

Cinq roses rouges forment la couleur principale et équilibrent l'harmonie du bouquet. Les quatre du milieu sont de la même longueur, la cinquième, à l'arrière-plan, vient s'incurver légèrement sur le devant.

COURONNE DE FÊTE

Voici une excellente manière d'utiliser les fleurs cassées ou aux tiges trop courtes. Appliquez du ruban adhésif double face à l'extérieur d'un moule à baba. Collez-y du papier cellophane vert plissé et fixez-le avec du ruban adhésif. Cette bordure remplacera le feuillage.

Placez des morceaux de mousse de fleuriste à l'intérieur du moule (ceux du fond doivent être un peu plus gros). Piquez des petits chrysanthèmes simples en rond tout autour du moule (les tiges doivent être courtes).

Parsemez la couronne obtenue d'achillées bleues et de quelques petites pommes de pin dorées avec de la peinture en bombe. Pour terminer, plantez trois petites bougies (choisissez de préférence des bougies spéciales qui ne coulent pas).

POÊLONS FLEURIS

Ce bel arrangement requiert deux poêlons en fonte remplis de mousse de fleuriste. Commencez par le plus gros des poêlons, et recouvrez la mousse de feuillage (*Choisya ternata*) pour définir la silhouette du bouquet. Glissez ensuite plusieurs tulipes orangées et faites-en retomber une sur la poignée en bois du poêlon.

Enfoncez des brins d'*Euphorbia fulgens* couleur pêche et dressez-en quelques-uns sur le côté et à l'arrière-plan du bouquet.

Le deuxième poêlon contient un arrangement très simple de feuilles de laurier et de lis blancs. N'utilisez que trois lis et coupez les tiges courtes pour que les fleurs soient blotties dans les feuilles.

Une vieille bouilloire électrique en cuivre, polie et brillante, constitue un excellent présentoir pour un arrangement floral. Enlevez le couvercle (il sera utilisé ultérieurement comme accessoire). Garnissez la bouilloire de mousse de fleuriste.

Prenez trois branches d'eucalyptus et disposez-les en triangle, en diagonale par rapport à la base de la bouilloire. Les feuilles sombres d'eucalyptus font beaucoup d'effet.

Enfoncez ensuite dans le feuillage quelques chrysanthèmes couleur rouille, mais laissez-en dépasser certains. Terminez en piquant trois ou quatre lis orange au centre pour créer le point central coloré (n'oubliez pas de couper les tiges en biais aux extrémités et de les faire boire longuement avant de les disposer dans le bouquet).

MATIN D'AUTOMNE

L'éclat du cuivre poli s'harmonise parfaitement avec cette composition aux couleurs chaudes, roux et jaune pâle. Imbibez d'eau la moitié d'un bloc de mousse de fleuriste et posez-le au fond de la casserole. Définissez le volume de l'arrangement en utilisant du *Leucodendron*. Le *Leucodendron bruna* illustré sur la photo a une structure plus intéressante et donne de la profondeur au bouquet.

Prenez des œillets jaunes, ouverts ou en boutons, et disposez-les au hasard parmi le *Leucodendron*.

Glissez des chrysanthèmes « Tokyo » couleur cuivre tout autour de la base et vers le sommet du bouquet. Ajoutez des branches d'eucalyptus séchées et disposez-les en diagonale dirigée vers la plus petite des casseroles. Remplissez cette dernière de chrysanthèmes « Tokyo » jaune pâle.

BOÎTE À SEL

La boîte à sel en cuivre que nous vous présentons ici fait magnifiquement ressortir l'harmonie des tons du bouquet. Garnissez la boîte avec de la mousse de fleuriste et maintenez le couvercle entrouvert avec un morceau de branche ou de fil de fer.

Créez une ligne maîtresse en diagonale avec des branches séchées d'eucalyptus et renforcez-la avec des œillets orange très pâle un peu plus courts que les tiges d'eucalyptus et de longueurs dégradées. Pour donner une impression de profondeur et de déferlement des fleurs, enfoncez quelques œillets supplémentaires dans le bouquet.

Terminez en disposant un lis orange au centre. Ajoutez deux ou trois boutons de lis qui s'ouvriront par la suite.

Le cuivre jaune ou rouge forme une excellente base de présentation pour des compositions florales. Si vous disposez d'une ancienne chocolatière, n'hésitez pas à l'utiliser comme récipient. Garnissez-la d'un gros morceau de mousse de fleuriste bien imbibée d'eau.

Utilisez environ huit têtes d'oignon séchées pour définir le volume de la composition. Commencez par positionner les deux plus longues et entourez-les par les plus petites en formant un dégradé pour obtenir une forme de dôme. Le mélange de fleurs séchées et de fleurs fraîches est généralement très harmonieux, mais veillez à humidifier la mousse régulièrement !

Prenez des œillets orange très pâle, de longueurs dégradées, et intercalez-les entre les têtes d'oignons. Pour compléter l'ensemble, vous pouvez utiliser du corail. Le couvercle est également décoré d'un morceau de corail et d'un œillet.

LABEL ROUGE

L'étiquette rouge et le sceau d'un pot à moutarde à l'ancienne s'harmonisent bien avec les œillets rouges. Commencez par garnir le pot avec de la mousse de fleuriste imbibée d'eau.

Remplissez le pot avec le feuillage des œillets et intercalez-y les fleurs ouvertes ou en boutons. Créez une impression asymétrique avec quelques branches de lierre tacheté.

AMÉTHYSTE

Pour cet arrangement, nous n'avons utilisé que trois variétés de fleurs. L'ouverture ronde du pot à sel offre un cadre parfait car le sommet et la base restent visibles dans la composition florale. Commencez par garnir le pot de mousse de fleuriste imbibée d'eau.

Disposez d'abord plusieurs delphiniums. Le mouvement recourbé naturel de leur tige définira la silhouette de l'ensemble. Enfoncez un petit brin de bouvardia dans l'ouverture du pot pour donner de la profondeur.

Les fleurs centrales sont des alstroemeria. Enfoncez-en plusieurs dans l'ouverture du pot, et utilisez-en quelques-unes à la tige un peu plus longue pour étoffer le bouquet.

Un chauffe-plat chinois et un bol à riz forment ici un cadre inhabituel mais charmant. Posez de la mousse imbibée d'eau sur une assiette, fixez-la avec du ruban adhésif et placez le tout sur le chauffe-plat. Avec quatre branches d'oiseau du paradis, créez une ligne ample renforcée par quelques fleurs. Camouflez la mousse avec du *Leucodendron* et laissez-en retomber quelques branches sur le rebord.

Des chrysanthèmes « Tokyo » de différentes longueurs forment le centre de la composition ; les plus longs sont placés à l'arrière-plan, les plus courts à l'avant. Piquez des piments pour ajouter une touche de couleur vive.

Adoucissez l'ensemble avec des orchidées (*Oncidium ornithorhynchum*) qui renforceront les lignes maîtresses définies par les feuilles d'oiseau du paradis. Ajoutez des graminées et recourbez-les pour obtenir une allure orientale.

Disposez quelques fleurs dans le bol de riz garni de mousse de fleuriste. Coupez les tiges très courtes, sauf pour les petites orchidées qui constituent un rappel du bouquet principal.

Ce support inhabituel se compose de trois petits pots réunis. Garnissez chacun d'eux de mousse de fleuriste imbibée d'eau et décorez un pot à la fois. Remplissez le premier de delphiniums, les plus courts devant, les plus longs débordant du pot. Enfoncez ensuite, entre les delphiniums, des petits bouquets de *Viburnum tinus*.

Le second pot est décoré avec cinq ou six œillets roses épanouis et deux ou trois en boutons. Complétez avec des asters pour donner de la profondeur.

Le troisième pot forme le point de mire de l'ensemble. Il est décoré d'anémones mauves et violet foncé et de petits œillets roses avec leurs feuilles. Enroulez un brin de lierre tacheté autour de la base des pots pour terminer la composition en beauté.

Pour ce bouquet, nous avons choisi une bouillotte et un pot en grès. Maintenez les fleurs dans le pot avec du grillage froissé et piquez les gerbera jaunes comme sur la photo.

Avec des orchidées aux tiges plus longues (*Oncidium ornythorhynchum*), remplissez les interstices devant et autour des gerbera, en tenant compte de la ligne d'ensemble déjà ébauchée. Insérez un petit morceau de mousse dans l'ouverture de la bouillotte pour fixer une fleur de gerbera et un brin d'*Oncidium*.

Dans cette composition, les fleurs ont été groupées plutôt que mélangées pour créer un effet surprenant sur un support à gâteau. Fixez d'abord de la mousse de fleuriste imbibée d'eau au centre du support à gâteau (utilisez un pique-fleurs en plastique).

Piquez verticalement de longs brins de *Liatris* à l'arrière-plan du bouquet et couchez-en quelques-uns sur un côté, à l'avant-plan.

Groupez des chrysanthèmes de l'autre côté (voir photo). Disposez-les en dégradé pour que le plus long retombe sur le rebord du support. Créez une continuité à ce groupe de fleurs en en plaçant une ou deux de l'autre côté. Terminez en ajoutant des chrysanthèmes mauves au centre du bouquet.

GÂTEAU DE FLEURS

Cette composition somptueuse donne presque envie d'y goûter ! Placez un rond de mousse de fleuriste imbibée d'eau au centre du support. Disposez-y alternativement des roses jaunes et des alstroemeria. Coupez les tiges courtes pour qu'une fois piquées dans la mousse, les fleurs reposent sur le bord du support.

Posez le second rang de fleurs (des fleurs de *Leucodendron brunia*), puis continuez avec un rang de renoncules de Perse ; ces dernières tiendront mieux si, avant de les utiliser, vous passez leurs tiges pendant quelques secondes dans de l'eau bouillante ; plongez-les ensuite dans de l'eau fraîche pendant une demi-heure avant de les piquer dans la mousse.

Terminez le « gâteau » par quelques brins de mimosa duveteux. Pour qu'ils durent plus longtemps, submergez d'abord la tête des fleurs dans de l'eau froide, puis trempez les tiges dans 2,5 cm d'eau bouillante pendant quelques secondes ; placez-les enfin dans un pot d'eau chaude jusqu'à ce que les fleurs aient séché. Vous pourrez alors les piquer dans votre bouquet.

DÔME DE FLEURS

Une cloche à fromage permet de bien présenter une composition de fleurs séchées tout en la préservant de la poussière. Posez un pique-fleurs en plastique sur le plateau d'une cloche à fromage et fixez-y de la mousse de fleuriste sèche. Camouflez-la avec des têtes d'hydrangea séchées (dorez-en quelques-unes avec de la peinture en bombe). Ajoutez des branches de *Protea* marron et des capsules de graines.

Piquez des statices orange sur un côté pour définir une ligne courbe s'éloignant du point central composé par des immortelles *Helichrysum*. Vous créerez ainsi un effet légèrement asymétrique. Dirigez les immortelles vers le haut ou vers l'extérieur. Placez celles dont la couleur est la plus orangée à proximité des statices orange.

Complétez par deux variétés d'achillées, piquées à l'opposé des statices. L'achillée couleur moutarde ajoute une note de douceur par sa texture et rehausse les teintes automnales de l'ensemble (l'achillée est facile à conserver car elle sèche très vite sans eau).

CLOCHE À FROMAGE

Cette magnifique cloche à fromage bleue, rehaussée par une masse de tons roux et crème, décore agréablement une table ou un buffet.

Avec un pique-fleurs, fixez de la mousse de fleuriste imbibée d'eau au centre du plateau de la cloche. Pour définir la silhouette du bouquet, utilisez des chrysanthèmes courts couleur rouille. Placez le plus long au milieu ; les autres doivent descendre graduellement jusqu'à la base.

Entre les chrysanthèmes, insérez des œillets couleur crème et enfoncez-les bien. Remplissez les vides avec du *Limonium* couleur rouille, et équilibrez l'ensemble avec quelques brins supplémentaires.

ANÉMONES FLOTTANTES

Cet arrangement est idéal pour un centre de table, mais surtout pour une table basse sur laquelle les anémones seront vues de haut. Remplissez d'eau un récipient transparent jusqu'à mi-hauteur. Choisissez une douzaine d'anémones et coupez leurs tiges à deux ou trois centimètres environ.

Disposez les anémones sur la surface de l'eau et intercalez des grappes de *Viburnum tinus* pour créer un effet de contraste.

Pour couper la symétrie du bouquet principal, remplissez un deuxième bol, plus petit, de grosses billes brillantes recouvertes d'eau. Posez-y ensuite uniquement deux ou trois têtes d'anémones et un brin de gypsophile pour laisser les billes bien visibles.

SALADE EN NOVEMBRE

La chaleur du vrai bois complète les verts intenses de cette composition. Imperméabilisez le saladier en plaçant un film plastique à l'intérieur. Garnissez une soucoupe de mousse de fleuriste fixée par du ruban adhésif. Imbibez-la d'eau et placez-la dans le saladier.

Disposez le feuillage comme sur la photo, avec des branches d'eucalyptus à petites feuilles et des feuilles de marguerites. Remplissez bien pour assurer la solidité de l'ensemble et laissez les feuillages retomber sur le bord du saladier.

Passez l'extrémité de quelques brins d'*Euphorbia marginata* à la flamme (voir page 12) et disposez-les au hasard dans la composition. Terminez en éclairant le bouquet de huit à dix marguerites.

GERBE DE SINGAPOUR

Cette composition décore à merveille le buffet d'un cocktail. Découpez le sommet d'un gros ananas, puis coupez un petit ananas en deux dans le sens de la longueur. Enlevez la pulpe et remplacez-la par de la mousse de fleuriste imbibée d'eau. Définissez le volume de la composition du gros ananas avec des fougères. Piquez deux lis blancs épanouis au centre, et une longue tige avec des lis en boutons à l'arrière-plan.

Complétez avec deux brins d'*Euphorbia fulgens* orange et trois tulipes orange dont une sera piquée en retrait entre les lis. Dans le petit ananas, ajoutez trois tulipes ; coupez leurs tiges assez court pour qu'elles soient près de la mousse. Sur la gauche, ajoutez un brin d'*Euphorbia* en fleur.

C'est un potiron évidé qui sert de réceptacle à ces deux bouquets. Coupez le potiron en deux (une moitié doit être plus grande que l'autre). Evidez soigneusement les deux parties et garnissez-les de mousse de fleuriste imbibée d'eau. Dans la plus grande, formez une pyramide avec du feuillage (*Choisya ternata*) et ajoutez quelques fougères.

Dans la masse de feuillage, piquez dix à douze tulipes orange ou tigrées jaune et rouge. Enfoncez dans le bouquet des chrysanthèmes « Tokyo » couleur crème (prélevez des fleurs séparées sur la tige à fleurs multiples).

Remplissez le volume du bouquet avec sept ou huit iris blancs. Pour la petite moitié du potiron, délimitez le volume du bouquet avec du feuillage (*Choisya* et airelles) et complétez avec des « Tokyo » couleur crème et des chrysanthèmes simples couleur rouille, en harmonie avec le bouquet principal.

MELON ET FLEURS

Variante de la composition ci-contre : les fleurs sont ici présentées dans un melon jaune. Découpez un quart du melon, sortez-le du fruit, puis enlevez la pulpe à l'intérieur du fruit en vous servant d'une cuiller (vous mangerez la pulpe plus tard !). Garnissez l'intérieur du melon avec de la mousse de fleuriste imbibée d'eau et piquez-y plusieurs brins d'eucalyptus pour créer le volume du bouquet.

Coupez en biseau les tiges de quelques jonquilles doubles pour qu'elles rentrent plus facilement dans la mousse. Coupez toutes les tiges à la même longueur, sauf une, plus petite, que vous placerez sur le devant du bouquet et qui constituera le point central de la composition. De l'autre côté, disposez deux jonquilles simples à longue tige.

Disposez-en d'autres sur le devant du bouquet et deux derrière la jonquille centrale. Ajoutez trois jacinthes : une de chaque côté de la jonquille centrale et une derrière, à gauche. Terminez par trois tulipes doubles blanches.

Les couleurs du bouquet ressortent merveilleusement sur le jaune moucheté de cette coupe très *design*. Utilisez des couleurs contrastées et des lignes recherchées pour obtenir un effet original. Garnissez la coupe d'un demi-bloc de mousse de fleuriste imbibée d'eau. Définissez l'allure du bouquet en mélangeant les plus grandes fleurs, giroflées blanches et jacinthes bleues.

Dessinez le « V » central en alternant des tulipes rouges et des tulipes blanches. Camouflez la mousse encore visible avec des petits brins de *Limonium* violet et utilisez les plus grands brins sur l'extérieur du bouquet, ou en chute par-dessus le rebord de la coupe.

Cette simple coupe en verre orange est ravissante avec un bouquet du même ton. Disposez un bloc de mousse de fleuriste imbibée d'eau au fond de la coupe et entourez-la de billes qui maintiendront la mousse en place et la camoufleront.

Commencez par piquer des orchidées *Arachnis* rouge sombre à longue tige : disposez quatre ou cinq d'entres elles sur un côté de la coupe et deux autres à l'arrière-plan pour délimiter la hauteur du bouquet. Un dernier brin est couché à l'avant de la composition (voir photo). Disposez ensuite, sur le devant, des orchidées *Dendrobium* orange et blanches et réservez-en une ou deux qui s'élèveront à l'arrière.

Terminez en piquant trois orchidées *Cymbidium* rouge sombre au centre du bouquet.

Pour créer une symphonie en rouge dans une cafetière et une tasse émaillées, nous avons choisi des anémones rouges. Garnissez la cafetière de mousse de fleuriste imbibée d'eau et remplissez-la de feuillage de marguerite garni de boutons.

Glissez-y trois ou quatre *Euphorbia marginata* (après avoir passé l'extrémité de leur tige à la flamme, voir page 12). Remplissez le volume avec des anémones rouges aux tiges de différentes longueurs. Réservez-en trois, plus longues, que vous ferez dépasser sur le côté opposé à l'anse.

Le petit bouquet est plus dépouillé : garnissez la tasse de mousse de fleuriste imbibée d'eau et remplissez-la simplement avec les marguerites restantes.

L'HEURE DU THÉ

Cette théière en forme d'éléphant constitue un vase très original. Garnissez le récipient de grillage froissé et mettez un peu d'eau.

Rehaussez le gris de la théière en utilisant les mêmes nuances de gris dans le feuillage. Sur la photo, nous vous présentons de l'eucalyptus à petites feuilles, parsemé de gypsophile pour définir la silhouette de l'ensemble.

Le point central est créé par des anémones aux couleurs tranchées, violet et violet foncé. Elles forment un « parapluie » au-dessus du feuillage qui donne au bouquet de la profondeur et un aspect velouté.
Pour terminer, bouchez les vides avec des œillets roses miniatures.

La rude toile de jute des sacs à café s'harmonise très justement avec cette composition rustique. Garnissez le premier sac de mousse de fleuriste sèche et remplissez-le de papier journal froissé. Camouflez la mousse avec du *Limonium* jaune et marron. Ajoutez des graminées et des herbes comme de l'avoine sauvage, du *Phalaris* et du *Triticum*.

Les clochettes d'Irlande contribuent également à donner de la texture et de la hauteur à l'ensemble. Définissez l'allure générale du bouquet avec des plantes marron comme du *Stirlingia*, du *Leptocarpus*, de la *Protea* séchée et du *Gynerium*.

Vous pouvez également utiliser des pommes de pin séchées, des branches d'eucalyptus séchées ou diverses autres herbes et fleurs séchées.

Le deuxième sac, également garni de mousse de fleuriste et de papier froissé, présente un aspect différent : nous y avons ajouté des cardères, du *Limonium* brun et des immortelles roses.

PETIT COCHON ROSE

Lorsque vous utilisez des récipients inhabituels comme ce petit cochon, nous vous conseillons de limiter les végétaux au maximum pour ne pas masquer le vase. Garnissez-le de mousse de fleuriste imbibée d'eau et définissez l'allure générale de la composition avec quelques fleurs.

Sur la photo, les couleurs délicates du cochon ont été reprises dans le choix des tulipes doubles blanches bordées de rose et des giroflées blanches. Vous pouvez également ajouter des chrysanthèmes rose pâle. Si vous désirez créer un effet asymétrique, ajoutez une branche de feuillage sur un côté.

COTTAGE CAMPAGNARD

Cette théière en forme de cottage campagnard constitue un vase idéal pour des fleurs soigneusement choisies dans les mêmes tons. Garnissez la théière de mousse de fleuriste imbibée d'eau et servez-vous de brins d'eucalyptus pour définir l'allure générale de la composition.

Ajoutez quatre ou cinq tulipes doubles blanches, bordées de rose. Placez au centre celle dont la tige est la plus longue ; elle déterminera la hauteur du bouquet. N'enlevez pas les feuilles des tiges car leur couleur contraste bien avec celle des autres végétaux utilisés.

Remplissez les interstices avec du *Limonium* violet et enfoncez quelques brins pour créer le relief. Terminez en ajoutant des anémones violettes ; mettez-les bien en valeur car ce sont les fleurs les plus importantes de la composition.

Pour mettre en valeur les couleurs singulières de cet arrangement, le vase vert transparent a été lesté de billes vertes. Disposez les billes dans le vase avec précaution avant de le remplir d'eau. Définissez la silhouette de base de votre bouquet avec de l'herbe que vous laisserez retomber gracieusement de chaque côté du vase. Ajoutez trois feuilles d'oiseau du paradis au centre.

Ajoutez deux longues branches de clochettes d'Irlande de longueurs dégradées et remplissez les interstices de *Leucodendron*. Sur le devant, disposez un peu de feuillage tigré (sur la photo, de l'*Euphorbia marginata*). N'oubliez pas de passer l'extrémité des tiges à la flamme (voir page 12) et de vous rincer immédiatement les mains.

Dans le petit cruchon rempli d'eau, placez un bouquet d'*Euphorbia marginata* qui rappellera le bouquet principal.

PÊCHE ET CRÈME

Pour s'harmoniser avec la pureté des arums, rien de tel que le verre. Remplissez le vase de branches d'eucalyptus à petites feuilles qui soutiendront les lourdes tiges des arums. Avec quelques brins d'eucalyptus à l'arrière-plan, définissez la hauteur du bouquet. Placez ensuite des arums aux tiges de longueurs dégradées le long de cette ligne maîtresse.

Bouchez les vides avec quatre œillets à pétales dentelés couleur pêche et quatre petites roses blanches. Les œillets, fleurs principales de la composition, forment un heureux contraste avec les arums. Quelques fines branches d'eucalyptus et un œillet pêche placés dans le petit cruchon équilibreront le bouquet principal.

Ce vase est un bocal à bonbons rempli de billes. Servez-vous du mimosa pour définir l'allure générale du bouquet, puis ajoutez plusieurs iris violets aux tiges de différentes longueurs (voir photo).

Les roses jaunes forment le point central, mais veillez à en décaler quelques-unes pour équilibrer le bouquet. Ajoutez quelques brins de statices couleur crème, plus longs sur les côtés et plus courts au bord du vase. Ces brins de statices complètent le jaune du mimosa et des roses et créent un contraste de texture.

Enfoncez trois ou quatre œillets blancs dans le bouquet. Ils couperont l'effet de masse du jaune. Pour terminer, posez un petit brin de mimosa disposé dans le bouchon du bocal.

Un porte-savon et un porte-brosse à dents sont ici utilisés comme vases. Commencez par le porte-brosse à dents : remplissez-le d'eau et placez un petit bouquet de *Brodiae* sur un côté. Ajoutez ensuite des nérines roses au centre et complétez par d'autres *Brodiae*. Terminez par un peu de *Limonium* séché.

Garnissez le canard porte-savon d'un peu de mousse de fleuriste fixée par un pique-fleurs. Recouvrez ensuite l'intérieur avec des têtes de jacinthes, après avoir sectionné les tiges en biseau. Ceci est une bonne astuce pour utiliser des jacinthes dont la tige n'est plus très fraîche.

Complétez le bouquet du porte-savon avec des *Brodiae* et quelques brins de *Limonium*.

PLUMAGE ROSE

Ce canard qui semble sculpté dans du marbre est en réalité en papier mâché. Il ne supporte donc pas l'humidité. Si vous utilisez ce type de récipient, décorez-le exclusivement de fleurs séchées. Garnissez le canard de mousse de fleuriste sèche et recouvrez-la de *Limonium* violet et blanc.

Remplissez le « plumage » avec du *Limonium* mauve, toujours très pratique pour étoffer les bouquets secs. Le *Limonium sinuatum* (ou statices) existe dans diverses nuances saumon, orange, jaune, carmin, bleu et parme.

Complétez le plumage du canard avec d'autres herbes séchées comme, par exemple, du *Lagurus* aux plumets ébouriffés ou de l'*Agrostis pulchella* pour former la queue. Des rubans mauves piqués dans le bouquet lui donneront une touche de raffinement.

Un vieux broc et sa cuvette s'harmonisent fort bien avec cette composition classique. Insérez dans le broc des morceaux de mousse de fleuriste imbibés d'eau, puis mettez en place quelques longues tiges de clochettes d'Irlande et deux ou trois têtes d'ail qui définiront l'allure générale et la hauteur du bouquet.

Etoffez avec des statices blanches et du *Kochia* gris (leurs tiges doivent avoir 5 cm de moins que les têtes d'ail et les clochettes d'Irlande). Piquez des scabieuses entre les statices et le *Kochia*. A ce stade, l'harmonie entre les coloris du vase et ceux du bouquet est déjà créée.

Ajoutez des renoncules de Perse d'un rouge brillant pour relever les coloris du bouquet. Terminez par un petit brin de *Viburnum tinus*, placé dans la cuvette au pied du broc. Une autre variante consiste à placer d'autres fleurs à courtes tiges dans la cuvette, tout autour du broc.

OPULENCE

Ce bouquet opulent et original se compose d'une grande variété de fleurs. Dans un vase de cette forme, il n'est pas indispensable d'utiliser du grillage ou de la mousse de fleuriste pour fixer les tiges. Remplissez d'abord le vase de *Pittosporum* tigré pour donner de la profondeur au bouquet. Puis, pour le contraste, disposez quelques chrysanthèmes « Tokyo ».

Sur cette base, ajoutez un mélange de fleurs pour obtenir une composition symétrique. Sur la photo, nous avons utilisé principalement des œillets, des chrysanthèmes, des gerbera et des fleurs de tabac rouges.

VICTOIRE

Cette composition tourbillonnante a été créée dans un pot de chambre, en reprenant le mouvement du dessin de la céramique. Commencez par disposer, de façon très naturelle, un fond de petites fleurs séchées jaunes. Ajoutez un peu de *Limonium* brun clair et de *Carthamus tinctorius* à tête rouge.

Etoffez avec des herbes et des graminées séchées en suivant le mouvement général. Le bouquet doit rester ouvert, mais bien fourni.

Les plantes les plus fragiles, la monnaie-du-pape et l'amour-en-cage (également appelées « lanternes chinoises ») sont ajoutées en dernier lieu. Elles donnent du corps au bouquet et mettent en valeur les tons rouges et orangés du dessin de la céramique.

La terre cuite est souvent utilisée dans les compositions florales. Ici, trois petits pots tout simples ont été décorés de trois types de fleurs. Vous pouvez utiliser de la mousse de fleuriste imbibée d'eau pour les deux gros cruchons et simplement de l'eau pour le troisième. Commencez par le plus gros cruchon et disposez-y des anémones.

Ajoutez de longues tiges de genêt rose piquées en diagonales de chaque côté. Etoffez le bouquet avec des renoncules de Perse en boutons et créez la profondeur et le contraste de texture avec deux branches de *Leucodendron brunia*. Enfoncez-en une profondément dans le cruchon et dirigez l'autre, la plus longue, vers l'arrière.

Disposez trois jacinthes roses de longueurs décroissantes dans le cruchon de taille intermédiaire. Etoffez la base du bouquet avec du *Leucodendron brunia*, en laissant pendre le feuillage duveteux vers l'extérieur. Terminez en remplissant le dernier cruchon de petits chrysanthèmes simples blancs à tiges courtes.

Vous disposez d'une collection de jolis pots de crème ou de pots à lait ? Ne les jetez surtout pas, ils peuvent constituer de très jolis vases ! Garnissez les plus grands pots de mousse de fleuriste imbibée d'eau et remplissez simplement les autres d'eau. Remplissez le pot du milieu avec des orchidées roses et un peu d'asparagus.

Insérez des brins d'orchidées roses plus longs à l'arrière-plan et rehaussez avec des œillets blancs. Disposez ceux-ci selon une ligne oblique qui continuera d'un vase à l'autre et assurera l'homogénéité de l'ensemble.

Le mauve du pot de gauche est repris par trois anémones d'un violet profond. Ajoutez quelques branches d'*Euphorbia fulgens* en fleur. Cette plante se retrouve dans le petit pot placé à l'avant-plan de la composition. Equilibrez les anémones violettes en disposant des achillées bleues dans le pot de droite.

Ce groupe de jolies petites bouteilles bleu de cobalt forme un cadre magnifique pour des fleurs du même ton. Remplissez simplement les bouteilles d'eau. Disposez dans la plus grande, à l'arrière-plan, des delphiniums et un peu d'asparagus. Dans la bouteille de gauche, utilisez des fleurs plus courtes : des iris miniatures et des renoncules de Perse jaunes.

Dans la bouteille centrale, placez un petit brin d'*Euphorbia marginata*, une giroflée blanche et un seul freesia blanc pour adoucir les couleurs primaires et franches, reprises par l'achillée bleue dans la bouteille de droite. Complétez par deux renoncules de Perse jaunes et un petit brin de mimosa dans la plus petite des bouteilles, placée à l'avant-plan.

Les rouges et les verts francs rappellent les motifs des tartans écossais. Si vous disposez d'une jolie chope en étain, remplissez-la de mousse de fleuriste imbibée d'eau et commencez par disposer deux feuilles d'oiseau du paradis à l'arrière-plan.

Ajoutez ensuite deux longues branches d'orchidées *Arachnis*, en les écartant au-dessus des feuilles d'oiseau du paradis.

Reprenez le rouge des orchidées avec des chrysanthèmes rouge sombre de différentes longueurs qui formeront le point central de la composition et donneront du volume au bouquet. Ce bouquet durera longtemps si vous pensez à humidifier la mousse fréquemment.

Les vieilles bouteilles de bière ou de médicaments ont généralement des formes intéressantes. Leur long col étroit maintient parfaitement les fleurs et évite l'utilisation de mousse de fleuriste. Remplissez simplement les bouteilles d'eau et placez un seul œillet rouge et un œillet blanc en bouton dans la bouteille du milieu.

Ajoutez une ou deux branches de freesia dans deux autres bouteilles. Définissez la hauteur avec des branches d'orchidées *Dendobrium* et une branche d'oiseau du paradis dans la quatrième bouteille. La branche d'oiseau du paradis doit être plus haute que les autres fleurs. Terminez en disposant une toute petite fleur d'orchidée dans la plus petite des bouteilles.

Deux beaux bouquets dans de jolis vases peuvent parfaitement servir de serre-livres. Garnissez les vases de mousse de fleuriste bien imbibée d'eau, puis assurez-vous qu'ils seront suffisamment lourds pour maintenir les livres.

Lors de l'agencement des bouquets, pensez à créer un côté droit (celui qui sera en contact avec les livres). Disposez des fougères sprengeri selon une diagonale dans le premier vase.

Renforcez cette ligne avec des chrysanthèmes couleur rouille, puis placez les fleurs centrales, des tulipes doubles blanches de longueurs différentes, disposées au centre du bouquet.

Etoffez avec des renoncules de Perse jaunes en fleurs et en boutons (elles dureront plus longtemps si, avant de les utiliser, vous plongez leurs tiges quelques secondes dans l'eau bouillante, puis une demi-heure dans l'eau fraîche). Pour terminer, confectionnez un bouquet symétrique dans le second vase en créant une surface plane du côté opposé à celui du premier bouquet.

MACHINE À ÉCRIRE

Votre vieille machine à écrire vous encombre ? Voici une idée qui lui rendra une nouvelle jeunesse. Avec du ruban adhésif, fixez un peu de mousse de fleuriste imbibée d'eau dans une soucoupe et placez le tout dans la lunette du clavier de la machine à écrire. Coupez des fleurs de lis bien ouvertes et de longueurs différentes, et piquez-les dans la mousse. Terminez par un bouton de lis dressé à l'arrière-plan.

Piquez six tulipes jaunes entre les lis. Utilisez du mimosa pour coordonner les couleurs. Les touches jaunies du clavier reflètent joliment les couleurs des fleurs.

PAPIER CADEAU

Du papier cadeau métallisé sert ici de cache-vase. Prenez trois feuilles de papier cadeau de formes et de dimensions différentes. Dans les plus petites, disposez un verre à vin ; dans la plus grande, deux verres. Garnissez les verres de mousse de fleuriste imbibée d'eau. Commencez ensuite par garnir l'emballage rose.

Disposez, à des hauteurs différentes, des achillées bleues, des jacinthes en grappe bleues, des orchidées *Dendobrium* et un œillet bleu. Dans l'emballage bleu, placez trois tulipes doubles rose pâle. Dans l'emballage argenté, disposez trois œillets bleus. Terminez avec du papier froissé, du ruban de satin et une nérine rose.

Votre vieux panier à provisions ne vous sert plus ? Utilisez-le pour créer une composition de fleurs séchées. Sur un pique-fleurs placé au fond du panier, fixez un bloc de mousse de fleuriste. Camouflez-le avec du *Limonium* beige.

Etoffez avec des fleurs séchées jaunes et faites-en retomber quelques-unes sur le bord du panier. Disposez des clochettes d'Irlande en diagonale sur toute la longueur du panier. Renforcez cette ligne en ajoutant des herbes brunes.

Ajoutez de la monnaie-du-pape au centre pour éclaircir la masse de tons bruns et moutarde. Ajoutez ensuite des cardères pour créer un contraste de texture et harmoniser les couleurs. Parsemez le bouquet de brins d'*Helichrysum* colorés.

Terminez en ajoutant des rameaux de feuilles de hêtre séchées (pour conserver les feuilles de hêtre, mélangez 1/3 de glycérine pour 2/3 d'eau chaude. Faites boire les rameaux, puis placez-les dans cette solution pendant 10 jours et recouvrez les feuilles de cette mixture. Conservez-les ensuite dans une boîte si vous ne les utilisez pas immédiatement).

FOUGÈRE EN FLEURS

Cette composition est réalisée dans une corbeille à papier en osier, avec des œillets et des feuilles de fougères. Avec du ruban adhésif, commmencez par fixer de la mousse de fleuriste imbibée d'eau dans un récipient et placez le tout au fond de la corbeille. Piquez-y les feuilles de fougères en éventail pour former le cadre des fleurs.

Disposez des œillets blancs parmi les fougères placées à l'avant-plan du bouquet et réservez quelques œillets plus grands pour l'arrière-plan. Agissez de même pour les œillets rouges.

Ajoutez une note de douceur avec des asters (vous pouvez aussi obtenir le même résultat en décorant une fougère en pot – voir page 27).

Curieuse association que ces jolies fleurs et cette pelle à ordures ! Le résultat est cependant très réussi. Si vous désirez réaliser cette composition pour le moins originale, commencez par fixer un peu de mousse de fleuriste sur une soucoupe avec du ruban adhésif et placez le tout sur la pelle à ordures. Camouflez la mousse avec du feuillage (*Choisya ternata*).

Définissez le volume du bouquet avec des fougères qui dépasseront le *Choisya*. Puis, avec des jonquilles doubles de même longueur, formez une ligne diagonale, parallèle à la ligne dessinée par les fougères.

Renforcez cette ligne par des tulipes orange qui déborderont des jonquilles dans toutes les directions, mais conserveront la ligne diagonale. Ecartez délicatement les pétales d'une des tulipes du centre et étoffez le bouquet avec des *Euphorbia fulgens* en fleur (couleur pêche). Enfoncez plus profondément quelques fleurs pour donner de la profondeur au bouquet.

Une brassée de tulipes roses contraste magnifiquement avec ce simple panier en plastique noir. Pour réaliser cette composition, commencez par placer un récipient lourd au fond du sac pour le lester, puis remplissez-le d'eau. Disposez-y une brassée de tulipes de diverses nuances de rose (plus il y aura de fleurs, plus l'effet sera réussi). Faites jaillir les tulipes du panier de manière naturelle.

Ajoutez simplement quelques feuilles de laurier qui contrasteront avec les tulipes. Avant de disposer le laurier, écrasez l'extrémité de la tige avec un marteau et faites-le boire beaucoup.

Aussi étonnant qu'un sac noir rempli de tulipes roses, voici un sac bleu rempli de tulipes en plastique bleues et noires. Avec du ruban adhésif, fixez de la mousse de fleuriste sèche au fond d'un récipient lourd et placez le tout au fond d'un sac en papier plastifié bleu. Disposez les tulipes noires dans le sac.

Ajoutez des tulipes bleues assorties aux tons du sac. Terminez en remplissant les vides entre les fleurs avec des touffes de tulle bleu, attachées à du fil de fer et piquées dans la mousse.

SOLEIL PRINTANIER

Une valisette jaune soleil forme un cadre parfait pour ces fleurs printanières. Maintenez le couvercle de la valisette ouvert en y insérant un petit bâton. Dans la valisette, posez un bloc de mousse de fleuriste imbibée d'eau et emballée dans du plastique.
Commencez par grouper des iris blancs à tige très courte vers la droite, au fond de la valisette. Ajoutez une touffe de tulle blanc.

Devant les iris, groupez huit ou dix renoncules de Perse jaunes et un peu de feuillage. Le reste de la valisette est rempli par six ou huit tulipes doubles blanches. Laissez-leur leurs feuilles car le vert contraste bien avec les autres couleurs.

Dans le coin arrière gauche, glissez trois ou quatre jacinthes violettes parmi les tulipes. Terminez par une petite touffe de tulle mauve, retenu par du fil et fixé dans l'angle supérieur droit pour équilibrer la répartition des couleurs.

Cet attaché-case contient une débauche de couleurs tendres, framboise et vanille. Enveloppez un bloc de mousse de fleuriste imbibée d'eau dans du plastique et placez-le dans l'attaché-case. Définissez l'allure générale du bouquet avec de l'eucalyptus et piquez-y quatre ou cinq chrysanthèmes blancs. Disposez quelques giroflées blanches dans un angle pour définir la hauteur du bouquet.

Confectionnez des touffes de tulle dans deux nuances de rose différentes que vous maintiendrez à la base par du fil. Disposez deux ou trois touffes à l'arrière-plan du bouquet et une dans le coin avant. Puis, en suivant la ligne directrice, placez des œillets rose pâle dans le bouquet.

Des œillets simples d'un rose soutenu constituent le point central de la composition. Laissez tomber deux branches d'orchidées *Dendrobium* sur les deux coins de l'attaché-case et étoffez le bouquet avec du *Limonium* rose.

Avant l'été, pourquoi ne pas utiliser votre panier à pique-nique comme cadre d'une composition florale ? Fixez de la mousse de fleuriste imbibée d'eau sur une assiette avec du ruban adhésif et placez le tout dans le panier. Maintenez le couvercle bien ouvert avec un bâtonnet. « Doublez » le panier de feuilles de laurier.
Groupez les fleurs : commencez par piquer deux lis blancs en partant de l'angle inférieur droit.

Disposez plusieurs tulipes orange en diagonale.

Remplissez le centre avec des bouquets de lilas blanc (n'oubliez pas d'enlever les feuilles des tiges !). Pour préparer le lilas, écrasez l'extrémité des tiges avec un marteau avant de les plonger dans de l'eau chaude.

Groupez un bouquet de trois ou quatre iris violets à côté du lilas et terminez par des tulipes jaunes pour compléter. Pour terminer, piquez des fougères et du lierre tigré sur le devant du panier.

VERRE À PIED

Vous pouvez créer un très joli bouquet dans un simple verre à pied. Remplissez-le de billes recouvertes d'eau jusqu'aux deux tiers du verre. Commencez par disposer les trois œillets rouge vif qui formeront le centre du bouquet. Continuez avec d'autres œillets.

Etoffez la composition avec des alstroemeria et du lilas blanc, dont une grappe retombera gracieusement sur le bord du verre. Parsemez de quelques feuilles de laurier. Rappelez-vous qu'un bouquet piqué dans des billes bouge toujours un peu. Nous n'avons donc pas cherché à réaliser un arrangement classique, mais plutôt une création libre.

Il suffit de quelques fleurs et de deux boîtes vides de *Coca-Cola* pour créer cette amusante composition linéaire. Enlevez le couvercle des boîtes et supprimez toute aspérité métallique. Garnissez les boîtes de mousse de fleuriste imbibée d'eau. Pour harmoniser votre composition avec la couleur des boîtes, utilisez des tulipes jaunes et rouges.

Laissez une tulipe rouge plus longue que les autres et dégradez les autres. Placez un chrysanthème « Tokyo » couleur crème au ras du bord et un deuxième à mi-hauteur de la composition. Piquez des graminées et recourbez les pointes dans la boîte, comme sur la photo. Dans la deuxième boîte, disposez une seule tulipe tigrée rouge et jaune aux pétales ouverts. Terminez en ajoutant du feuillage.

Cet arrangement floral simple, mais très beau, est maintenu par le col étroit de la carafe. Commencez par remplir la carafe d'eau et disposez-y trois têtes d'ail sauvage à des hauteurs différentes.

Ajoutez quelques fougères, comme sur la photo, et faites descendre un brin de lierre tacheté sur le devant de la carafe. Les fleurs centrales sont trois chrysanthèmes « Tokyo » couleur crème. Disposez-en deux courts sur le bord de la carafe et placez le troisième, plus long, derrière. La couleur crème est la couleur dominante du bouquet. Elle est soulignée par le lierre, l'ail et les chrysanthèmes.

FLACON DORÉ

Le filet d'or de la carafe est repris dans le choix des coloris des fleurs. Commencez par peindre, avec une peinture en bombe, des branches séchées de pavot avec leur capsule. Lorsque la peinture est sèche, placez-les dans la carafe à des hauteurs différentes pour créer le volume du bouquet. Réservez-en quelques-unes pour le petit carafon.

Ajoutez trois œillets blancs épanouis qui formeront le point central de la composition et rappelleront la dorure de la carafe. Etoffez le bouquet avec des branches d'orchidées qui retomberont en direction du carafon, lui-même rempli de capsules de pavots peintes en doré.

CHAMPAGNE

Le col étroit d'une bouteille de champagne maintient parfaitement les fines tiges des roses et des genêts. Une bouteille à col étroit est idéale pour les tiges fines. Remplissez la bouteille d'eau et placez-y un seul brin de genêt rose et une seule branche de roses miniatures roses. Coupez l'extrémité de la tige des roses en biseau et supprimez les feuilles superflues.

Pour terminer, ajoutez des graminées et rentrez quelques-unes de leurs extrémités dans la bouteille pour former des boucles. Dans la coupe à champagne assortie, déposez quelques billes recouvertes d'eau. Disposez ensuite des branches plus courtes de roses miniatures et de genêts pour étoffer le bouquet.

SHAKER

Pour réaliser ce bouquet, il suffit d'un shaker à cocktail et de quelques fleurs d'un jaune soutenu. Garnissez le shaker de mousse de fleuriste imbibée d'eau et piquez-y trois gerbera de longueurs différentes. Ajoutez un peu de feuillage devant et derrière les gerbera du milieu (nous avons utilisé des feuilles d'œillets).

Disposez des branches de genêt jaune recourbées de chaque côté du bouquet. Les branches pointues du genêt contrastent avec la structure douce des gerbera. Réservez quelques petits brins de genêts que vous piquerez dans le morceau de mousse de fleuriste garnissant l'intérieur du couvercle du shaker. Disposez ce dernier au pied du bouquet principal.

SEAU À CHAMPAGNE

Voici un bouquet vif et coloré, présenté cette fois dans un seau à champagne. Garnissez le seau de mousse de fleuriste imbibée d'eau. Piquez-y du feuillage bicolore (ici, par exemple, une variété de houx sans épines). Parsemez de huit à neuf roses rouges en boutons. Placez deux ou trois d'entre elles à l'arrière-plan pour qu'elles se détachent du feuillage sur l'un des côtés du bouquet.

Remplissez les vides avec des jonquilles simples selon le volume défini au départ. Leur jaune est rehaussé par le feuillage également bordé de jaune (les roses faneront moins vite si vous placez leurs tiges pendant quelques minutes dans de l'eau bouillante avant de les faire boire longuement de l'eau fraîche).

POTS EN GRÈS

En raison de sa hauteur, ce pot en grès a été rempli d'un bloc entier de mousse de fleuriste imbibée d'eau. Commencez par y piquer des brins d'asparagus ou de fougères sprengeri, en laissant retomber quelques brins sur le rebord du pot. Au centre et à l'arrière-plan, ajoutez du lilas blanc.

Pour renforcer les lignes maîtresses, placez des giroflées blanches. Le bouquet est dominé par des roses roses, des giroflées roses et des tulipes roses. Il faut peu de giroflées car elles ne jouent ici qu'un rôle accessoire. Disposez-les dans le bouquet de façon plus ou moins symétrique. Le couvercle, appuyé au pied du pot, apporte la touche finale de la composition.

Un charmant bouquet peut être réalisé dans de vieux jouets dont les bosses et la peinture écaillée seront camouflés par les fleurs. C'est le cas de ce petit train et de ses wagons. Enveloppez de la mousse de fleuriste imbibée d'eau dans du plastique et placez-la dans les wagons.

Remplissez le premier wagon de courtes branches d'airelles et piquez-y cinq ou six fleurs aux tiges courtes (marguerites ou chrysanthèmes).

Ajoutez quelques œillets orange mouchetés de rouge et enfoncez des bouquets d'*Euphorbia fulgens* fleuris (n'oubliez pas de cautérisier les tiges – voir page 12). Le feuillage et les fleurs délicates de l'*Euphorbia* donnent de la profondeur au bouquet.

Dans le second wagon, piquez une seule tulipe orange aux pétales bien ouverts. Entourez-la de feuillage d'airelles et terminez avec des brins fleuris d'*Euphorbia* couleur crème.

HAUT-DE-FORME

Une réception peut être le prétexte à un arrangement floral particulier. Celui que nous vous présentons peut servir de thème pour un mariage, par exemple. Garnissez un récipient de mousse de fleuriste imbibée d'eau et placez-le dans le chapeau. Disposez en éventail des pousses de Mallalika et étoffez avec des asters.

Enfoncez quelques chrysanthèmes blancs dans le feuillage ; ceux de l'arrière-plan serviront à déterminer la hauteur du bouquet. Laissez-en retomber quelques-uns sur le bord du chapeau.

Le point central de la composition est formé par des fleurs de poinsettia (pour les préparer, commencez par passer l'extrémité de leur tige à la flamme – voir page 12). Remplissez les vides éventuels et équilibrez le bouquet avec des œillets rouges.

CHAPEAU DE PAILLE

Voici une façon originale d'utiliser un chapeau de paille défraîchi. Fixez de la mousse de fleuriste dans une soucoupe avec du ruban adhésif et placez-la dans le chapeau. Créez une ligne maîtresse avec des fougères sprengeri. Ensuite, disposez trois ou quatre giroflées ou marguerites blanches au centre du bouquet et laissez-en retomber une ou deux sur le bord du chapeau.

Utilisez des chrysanthèmes blancs pour étoffer le bouquet (ces fleurs dureront plus longtemps si vous placez les extrémités de leurs tiges dans de l'eau bouillante avant de les faire boire abondamment de l'eau fraîche).

Parmi les chrysanthèmes, enfoncez des jacinthes violettes pour créer un effet de profondeur. Enfin, complétez par des anémones violet foncé. Utilisez-en autant que vous voudrez, ce sont elles qui constituent les fleurs principales du bouquet.

ILE DE CORAIL

Des freesias et des orchidées *Oncidium ornythorhynchum* sont ici très simplement disposées dans du corail. Enveloppez un morceau de mousse de fleuriste imbibée d'eau dans du plastique et placez-le derrière le corail. Faites passer les tiges des freesias par les orifices du corail et piquez-les dans la mousse.

Procédez de la même manière avec les orchidées, en les faisant passer dans et sur les côtés du corail avant de les piquer dans la mousse. Avec un matériau aussi beau que le corail, il suffit d'utiliser une ou deux variétés de fleurs. Evitez de surcharger le bouquet.

Si l'on en juge par la durée de vie des poissons rouges, les petits aquariums en verre finissent souvent au fond d'un placard. Ils constituent pourtant de charmants vases lorsqu'on les remplit de petits galets et de coquillages recouverts d'eau.

Les premières fleurs vont définir le thème de la décoration : un jet d'eau. Commencez par du gypsophile que vous laisserez retomber sur un des côtés. Renforcez ce mouvement avec des brins de *Brodiae* d'un bleu délicat.

Les œillets couleur pêche reprennent la couleur de certains coquillages. N'en utilisez que quelques-uns pour suivre le mouvement déjà défini. Les têtes d'oignon séchées rappellent également la couleur des coquillages et des petits galets. Disposez-en huit ou dix dans le bouquet pour étoffer son volume.

Une écorce ou un morceau de liège permettent de réaliser de magnifiques compositions stylisées. Prenez un morceau de mousse de fleuriste imbibée d'eau, enveloppez-le dans du plastique et fixez-le sur l'écorce en utilisant du fil de fer. Piquez-y trois morceaux de corail plat.

Au centre, placez une seule fleur de gerbera qui cachera la mousse et constituera le point central de la composition. Terminez par deux brins d'orchidées *Arachnis*, l'un piqué verticalement à l'arrière-plan, l'autre couché à l'horizontale à l'avant-plan.

Il ne s'agit pas à proprement parler d'une corne d'abondance, mais d'un coquillage regorgeant de fleurs, de feuilles et de corail. Enveloppez de la mousse de fleuriste imbibée d'eau dans du plastique et placez-la dans le coquillage (le plastique évite que la mouse se désagrège à l'intérieur du coquillage).

Ajoutez ensuite du feuillage « ondulant », par exemple du *Leucodendron* dont la forme évoque celle des algues. Les œillets couleur pêche rappellent les teintes du coquillage. Disposez les œillets juste au bord du coquillage, en suivant le mouvement fluide créé par le feuillage.

Pour obtenir un contraste de couleurs, piquez quelques œillets rouge brique parmi les œillets couleur pêche. Enfoncez certaines tiges plus profondément que les autres. Le contraste de texture est obtenu grâce à deux morceaux de corail plat. Terminez par deux longs brins d'orchidées *Arachnis* tigrées qui renforceront le mouvement général.

La chaleur du bois ciré met en valeur les fleurs de cette composition aux tons frais. L'éclat de l'ancienne boîte de peinture en bois est rehaussé par le lustre des feuilles de laurier. Fixez de la mousse de fleuriste imbibée d'eau sur une assiette avec du ruban adhésif et placez-la dans la boîte (cette précaution vous évitera d'y renverser de l'eau).

Maintenez le couvercle ouvert avec un bâtonnet ou une petite branche. Remplissez la boîte de feuilles de laurier qui camoufleront la mousse et définiront l'allure générale de la composition.

Coupez les tiges des tulipes jaunes en biseau à la même longueur, puis piquez-les dans la mousse. Pour créer un effet de profondeur, enfoncez quelques chrysanthèmes « Tokyo » couleur crème dont les fleurs duveteuses contrasteront en texture et en couleur avec les autres fleurs.

Disposez ensuite les lis blancs. Leurs étamines brun orangé rehaussent les tons chauds du bois, tandis que les taches de jaune des pétales mettent en valeur la couleur franche des tulipes.

Un meuble ancien en bois verni est parfait pour présenter des brassées de fleurs. Enveloppez de la mousse de fleuriste dans du plastique et placez-la dans le tiroir du bas. Remplissez ce tiroir de myosotis et d'un peu de *Brodiae*. Sur la gauche, disposez un petit bouquet de *Viburnum tinus* et un petit chrysanthème « Tokyo ». Sur la droite, placez des petites roses roses.

Remplissez le deuxième tiroir de roses en fleurs et en boutons, en les piquant sur de la mousse de fleuriste conditionnée de la même manière que précédemment. Les roses roses sont groupées sur le côté gauche pour former une continuité visuelle avec le tiroir du bas. Ajoutez des myosotis et des brins de *Viburnum tinus* dépassant à peine du tiroir.

Les couleurs des fleurs sont harmonieusement mises en valeur par les beaux plateaux en cuivre de cette vieille balance. Placez de la mousse de fleuriste imbibée d'eau dans un des plateaux, fixez-la avec du ruban adhésif et piquez-y des tiges de *Leucodendron*. Camouflez la mousse sous le feuillage.

Les fleurs principales de ce bouquet sont des alstroemeria dont les tiges, un peu plus longues que celles du *Leucodendron*, sont orientées vers l'avant de la composition.

Piquez et enfoncez deux brins d'achillée pour obtenir un contraste de texture et un effet de profondeur. Sa couleur jaune rappelle les striures jaunes de l'alstroemeria. Terminez en disposant, sur l'autre plateau de la balance, un petit brin d'achillée et une fleur d'alstroemeria. Placés à côté des poids, ils assureront une harmonieuse continuité visuelle.

LA PRÉPARATION DES FLEURS

Liste alphabétique des plantes et de la manière de les préparer.

Alstroemeria	Coupez leurs tiges et placez-les dans un peu d'eau.
Amaryllis	Coupez l'extrémité de la tige avec un couteau aiguisé. La tige creuse a souvent besoin d'un tuteur pour porter la lourde fleur. Pendant la préparation, une petite baguette peut y être insérée.
Anémone	Coupez et trempez les tiges dans 2,5 cm d'eau bouillante pendant quelques secondes, puis faites-les boire longuement.
Aster	Ecrasez l'extrémité des tiges, trempez-les dans 2,5 cm d'eau bouillante, puis trempez-les une nuit dans l'eau fraîche.
Bleuet	Coupez les tiges et trempez-les dans l'eau.
Campanule	Coupez les tiges et faites-les boire dans beaucoup d'eau pendant quelques heures.
Chrysanthème	Coupez ou écrasez l'extrémité des tiges avant de les faire boire longuement dans l'eau fraîche.
Dahlia	Coupez les tiges et placez-les dans l'eau. Les variétés à tige creuse doivent être traitées comme les delphiniums.
Delphinium	Coupez les tiges. Mettez les fleurs tête en bas, remplissez les tiges d'eau, puis bouchez l'extrémité avec un peu de coton.
Freesia	Coupez les tiges et mettez les fleurs dans un peu d'eau fraîche.
Gerbera	Coupez les tiges en biseau et placez-les dans 2,5 cm d'eau bouillante pendant quelques secondes avant de les faire boire longuement dans l'eau fraîche.
Giroflée	Ecrasez les extrémités des tiges et enlevez le feuillage qui sera immmergé ; faites-les ensuite boire longuement.
Glaïeul	Coupez les tiges, puis plongez-les dans un peu d'eau fraîche. Enlevez les bourgeons terminaux pour que les autres puissent s'ouvrir plus facilement.
Gueule-de-loup	Coupez les tiges et faites-les boire pendant une heure environ. Les tiges des fleurs forcées doivent être préalablement placées pendant quelques minutes dans 2,5 cm d'eau bouillante.
Gypsophile	Peu de préparation, sauf un rafraîchissement de l'extrémité des tiges. Sèche facilement suspendu tête en bas.
Iris	Coupez les tiges en biseau et faites-les boire longuement.
Ixia	Ecrasez les extrémités des tiges et mettez-les dans l'eau fraîche. Si les boutons sont serrés, commencez par placer les tiges dans 2,5 cm d'eau bouillante pendant quelques minutes.
Jacinthe	Coupez les tiges et placez les fleurs dans de l'eau fraîche.
Jonquille	Voir narcisse.
Lilas	Enlevez le feuillage superflu et écrasez l'extrémité des tiges avant de les faire boire longuement dans de l'eau chaude.
Lis	Coupez les tiges en biseau ou fendillez leur base et faites-les boire longuement dans l'eau froide.
Mimosa	Trempez les sommités dans l'eau froide avant de tremper les tiges dans 2,5 cm d'eau bouillante pendant quelques secondes. Laissez le mimosa dans l'eau chaude jusqu'à ce que les fleurs sèchent.
Muguet	S'il s'agit d'une variété rustique, coupez simplement les tiges et placez-les dans l'eau. Pour les muguets forcés, raccourcissez les tiges et placez-les dans l'eau chaude. Laissez-les ensuite dans l'eau fraîche pendant plusieurs heures avant de les utiliser.

Myosotis	Ne nécessite pas beaucoup de préparation. Coupez les tiges et faites boire longuement.
Narcisse	Coupez les tiges, puis faites-les boire dans un peu d'eau fraîche. En général, veillez à écarter les jonquilles des autres fleurs, au moins pendant les 24 premières heures, car elles diffusent une substance vénéneuse susceptible de tuer les autres plantes.
Nérine	Coupez les tiges en biseau avant de les faire boire longuement.
Œillet	Coupez les tiges en biseau entre deux nœuds et mettez-les dans un peu d'eau tiède.
Oiseau du paradis	Coupez les tiges en biseau et faites-les boire longuement.
Orchidées	En général, les orchidées tiennent bien dans l'eau. Avant de les piquer dans de la mousse de fleuriste, coupez leurs tiges et donnez-leur beaucoup à boire. Rafraîchissez l'extrémité des tiges tous les 2 ou 3 jours.
Pavot	Cautérisez l'extrémité des tiges à la flamme.
Perce-neige	Coupez les tiges et placez-les en petites bottes dans un peu d'eau fraîche.
Pivoine	Coupez les tiges et faites-les boire longuement dans l'eau chaude.
Pois de senteur	Coupez les extrémités des tiges et mettez-les dans un endroit frais, dans beaucoup d'eau. Manipulez ces fleurs le moins possible.
Poinsettia	Procédez comme pour le pavot.
Primevère	Coupez les tiges et mettez-les dans l'eau.
Protea	Ecrasez les extrémités des tiges avant de les faire boire longuement.
Pyrethrum	Ces fleurs durent longtemps. Il suffit de rafraîchir leurs tiges avant de les faire boire longuement.
Renoncule de Perse	Coupez les tiges, plongez les extrémités dans l'eau bouillante, puis faites-les boire longuement.
Rose	Si elles proviennent d'un fleuriste, écrasez l'extrémité des tiges avant de les faire boire longuement dans l'eau chaude. Les tiges des roses du jardin doivent être placées dans l'eau bouillante pendant environ une minute avant d'être placées dans l'eau fraîche pendant au moins une demi-heure. Lorsque les roses commencent à faner, ajoutez à l'eau un comprimé d'aspirine ou une cuillerée à café de sucre.
Rose de Noël	Enfoncez une épingle dans la tige et placez-les dans beaucoup d'eau.
Scabieuse	Coupez l'extrémité des tiges et faites-les boire toute la nuit avant de les utiliser dans une composition florale.
Souci	Coupez les tiges et faites-les boire longuement dans l'eau fraîche.
Sweet William	Coupez les tiges et faites boire longuement.
Trollius	Coupez les tiges, plongez-les dans l'eau bouillante, puis faites-les boire longuement dans l'eau fraîche.
Tulipe	Coupez les tiges et enveloppez les fleurs dans du papier rigide et non absorbant pendant quelques heures pour refermer et redresser les têtes. Placez les fleurs dans un peu d'eau. Les tulipes apprécient un peu d'aspirine dans leur eau.
Violettes	Placez les têtes dans l'eau tiède pendant 30 minutes, puis procédez de même pour les tiges. Ensuite, coupez-les et placez-les dans un peu d'eau fraîche.
Zinnia	Les tiges creuses ont besoin d'être coupées régulièrement et de boire beaucoup. Si elles sont particulièrement fragiles, vous pouvez y insérer un morceau de fil de fer pour les soutenir.

CLASSIFICATION SCIENTIFIQUE

Liste alphabétique des noms communs et des noms latins des principales plantes citées dans cet ouvrage.

nom commun	**nom latin**
Achillée	Achillea
Alchémille	Alchemilla
Ail	Allium sativum
Airelle	Gaylussacia
Alstroemeria	Alstroemeria
Amaryllis	Hyppeastrum aulicum
Amour-en-cage	Physalis
Anémone	Anémone
Arum	Zantedeschia aethiopica
Asparagus (fougère)	Asparagus plumosis
Aster	Aster ericoides
Avoine sauvage	Arena fatua
Bouvardia	Bouvardia Bruyère Erica
Carthame	Carthamus tinctorius
Chrysanthème	Chrysanthemum
Clochettes d'Irlande	Molucella laevis
Delphinium	Delphinium
Eucalyptus	Eucalyptus
Fleur d'oranger	Philadelphus
Forsythia	Forsythia
Fougère	Nephrolepis exaltata
Fougère sprengeri	Asparagus sprengeri
Freesia	Freesia
Gerbera	Gerbera
Gypsophile	Gypsophilia
Genêt	Genista
Glaïeul	Gladiolus
Gueule-de-loup	Antirrhinum
Hydrangea	Hydrangea
Houx	Ilex aquifolium
Iris	Iris
Jacinthe	Hyacinthus
Jacinthe musquée	Muscari
Jonquille	Narcissus
Laurier portugais	Prunus lusitanica
Lierre	Hedera
Lilas	Syringa
Lis	Lilium
Monnaie-du-Pape	Lunnaria annua
Mimosa	Acacia
Myosotis	Myosotis sylvatica
Nérine	Nerine
Nigelle de Damas	Nigella
Œillet	Dianthus
Oignon	Allium cepa
Oiseau du paradis	Strelitzia reginae
Pavot	Papaver
Piment	Capsicum
Poinsettia	Euphorbia pulcherrima
Renoncule de Perse	Renunculus asiaticus
Reine-Marguerite	Chrysanthemum
Rose	Rosa
Scabieuse	Scabiosa
Solidage	Solidago
Statices	Limonium sinuatum
Tabac	Nicotiana
Tulipe	Tulipa

FLEURUS IDÉES

Collection Manie-Tout

4. Vive Carnaval !
7. Pâte à sel
8. Couronnes en fête
9. Masques démasqués : pâte plastique, résine, latex, cuir
12. Masques aux quatre saisons : plumes, perles, feuilles, paillettes
15. Bijoux en soie
17. L'artisan-vernisseur
18. Cartonnage-gainerie
19. Cuir drapé
20. Modelage, moulage

Savoir créer

75. Pliages de serviettes pour tables de fête
77. Introduction à l'encadrement
78. Décoration de la céramique
79. Papier mâché
80. Paniers et corbeilles
81. Papier création
82. La marqueterie
83. Mobilier peint
84. L'Art de la pâte à sel
85. Mosaïques d'aujourd'hui
86. Meubles et cadres en bois peint
87. La fresque
88. Pliages de fête
89. Masques
90. Marionnettes - Atelier et création
91. L'Art et la manière de fabriquer son papier
92. Patchwork : modèles pour tous
93. Santons en pâte à sel
94. Le vitrail
95. Le patchwork - Atelier et création
96. Encadrement-passion
97. Tournage sur bois
98. Décors peints sur bois en extérieur
99. Arts populaires
100. Meubles peints pour chambre d'enfant
101. Laque et dorure
102. Tissus peints
103. L'art et la manière d'encadrer
104. Meubles en peinture paysanne
105. Restauration de sièges
106. Patchwork d'hier et d'aujourd'hui
107. Sable, galets et coquillages
108. Pliages de bateaux et d'avions

Collection Mille-Pattes

32. Cartes de vœux en soie
34. Costumes fantastiques
35. Maxi-pliages pour jouer et décorer
37. Boîtes-mystères en papier et carton
38. Cadeaux et bricoles
40. Coiffures et maquillages
42. Pâtes à modeler multicolores
43. Bolides tout-terrain avec trois fois rien
44. Petits ouvrages en patchwork
45. Théâtre d'ombres : silhouettes, éclairage, scénarios
46. Pliages 3 : Alice au pays d'Origami
47. Modelages : figurines de terre et de pâtes à modeler
48. Têtes surprises
49. Coiffes qui décoiffent
50. Coquillages et galets peints
51. Œufs en fête
52. Petites bêtes en papier
53. Bijoux fantaisie en perles rocaille
54. Personnages naïfs en pâte à sel
57. Bricolages de carton
58. Masques d'animaux en carton souple
59. Déguisements surprises
60. Sculptures de papier
61. Papiers faits à la main
62. Petits modèles en bois
63. Papier mâché inattendu
64. Pliages de dinosaures
65. Collages de perles rocaille
66. Petits santons en pâte à sel
67. Patchwork rapide
68. La pâte à sel c'est facile
69. Fêtes enfantines
70. Déguisements d'un jour pour les petits
71. Petit monde de papier
72. Trésors des papiers collés
73. Animaux en carton ondulé
74. Patchwork et appliqué pour Noël
75. Boules de Noël
76. Tout décorer à la cuve
77. Peinture sur soie : premiers modèles
78. Bracelets brésiliens

L'éditeur tient à remercier pour leur collaboration :
Coca Cola Great Britain ;
The Covent Garden General Store ;
David Mellor ;
Table Props Hire Ltd.

Titre original en langue anglaise : *The creative Book of Flower Arranging.*
Traduction : Evelynne Hegerler-Mahé, Scribo.
Adaptation française : Geneviève de Temmerman.

Compositions florals : Jan Hall.
Introduction : Angela Vokolek.
Explications : Coral Walker.
Photos : Steve Tanner.

Dépôt légal : août 1996
Achevé d'imprimer en juillet 1996
par Proost International Book Production, Belgique

ISBN 2.215.01245.5 - ISSN 0993 6238
7e édition